Barry Unsworth, Jahrgang 1930, stammt aus einer Bergarbeiterstadt in England, studierte in Manchester und arbeitete unter anderem in Athen und Istanbul als Englischlehrer. In seinen inzwischen zwölf Romanen befasst er sich meist mit historischen Themen. Für *Das Sklavenschiff* erhielt er 1992 den Booker Prize, den bedeutendsten englischen Literaturpreis. Unsworth lebt mit seiner Frau in Umbrien.

**Bibliografische Information Der Deutschen Bibliothek**
Die Deutsche Bibliothek verzeichnet diese Publikation in der Deutschen Nationalbibliografie; detaillierte bibliografische Daten sind im Internet über http://dnb.ddb.de abrufbar.

NATIONAL GEOGRAPHIC ADVENTURE PRESS
Reisen · Menschen · Abenteuer
Die Taschenbuch-Reihe von
National Geographic und Frederking & Thaler

1. Auflage Mai 2007, erstmals im Taschenbuch

Titel der Originalausgabe: *Crete*, veröffentlicht von der
National Geographic Society, Washington D.C.


Aus dem Englischen von Gerlinde Schermer-Rauwolf
und Bernhard Jendricke,
Kollektiv Druck-Reif, München
Text und Fotos: Barry Unsworth
Lektorat: Irene Rumler, München
Umschlaggestaltung: Dorkenwald Grafik-Design, München
Umschlagfoto: Getty Images
Herstellung: Büro Sieveking, München
Druck und Bindung: Clausen & Bosse, Leck
Printed in Germany

ISBN 978-3-89405-824-1
www.frederking-thaler.de

Das Papier wurde aus chlorfrei gebleichtem Zellstoff hergestellt.

BARRY UNSWORTH

# WO ZEUS DAS LICHT DER WELT ERBLICKTE

Eine Reise durch Kreta

Aus dem Englischen
von Gerlinde Schermer-Rauwolf
und Bernhard Jendricke,
Kollektiv Druck-Reif

NATIONAL GEOGRAPHIC
FREDERKING & THALER

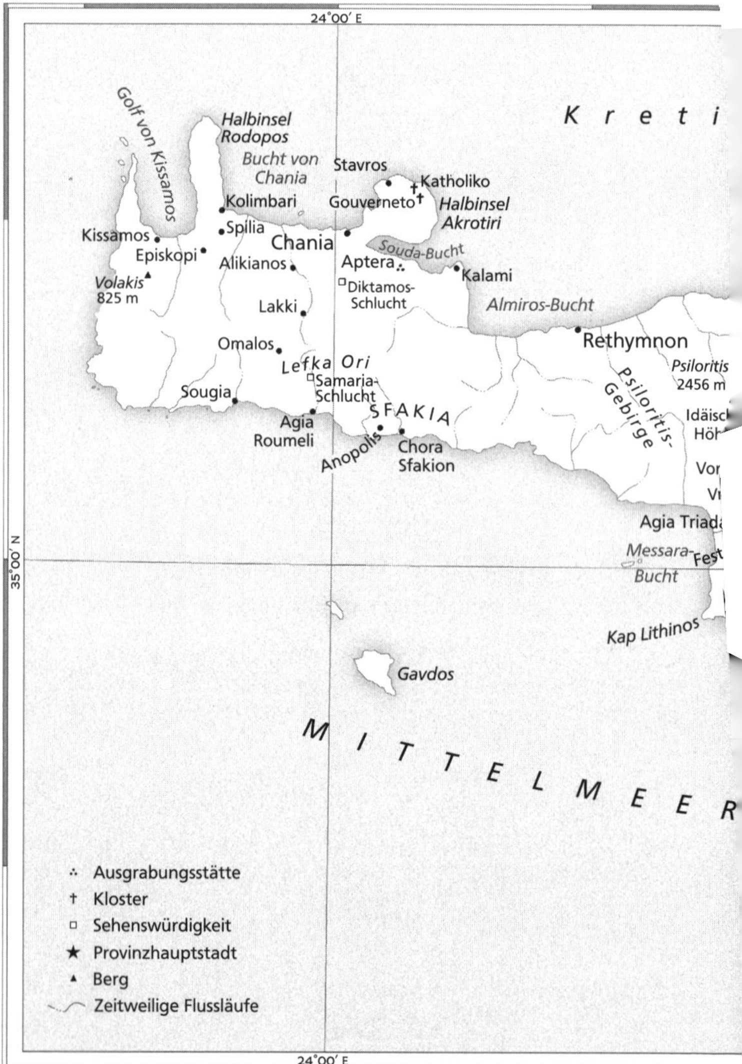
24°00′ E
35°00′ N
Kreti
Golf von Kissamos
Halbinsel Rodopos
Bucht von Chania
Stavros
Katholiko
Gouverneto
Halbinsel Akrotiri
Kolimbari
Spilia
Kissamos
Chania
Souda-Bucht
Episkopi
Alikianos
Aptera
Kalami
Volakis
825 m
Diktamos-Schlucht
Almiros-Bucht
Lakki
Rethymnon
Omalos
Lefka Ori
Psiloritis
2456 m
Psiloritis-Gebirge
Samaria-Schlucht
Sougia
SFAKIA
Agia Roumeli
Anopolis
Chora Sfakion
Agia Triada
Messara-Bucht
Kap Lithinos
Gavdos
MITTELMEER
Ausgrabungsstätte
Kloster
Sehenswürdigkeit
Provinzhauptstadt
Berg
Zeitweilige Flussläufe
24°00′ E

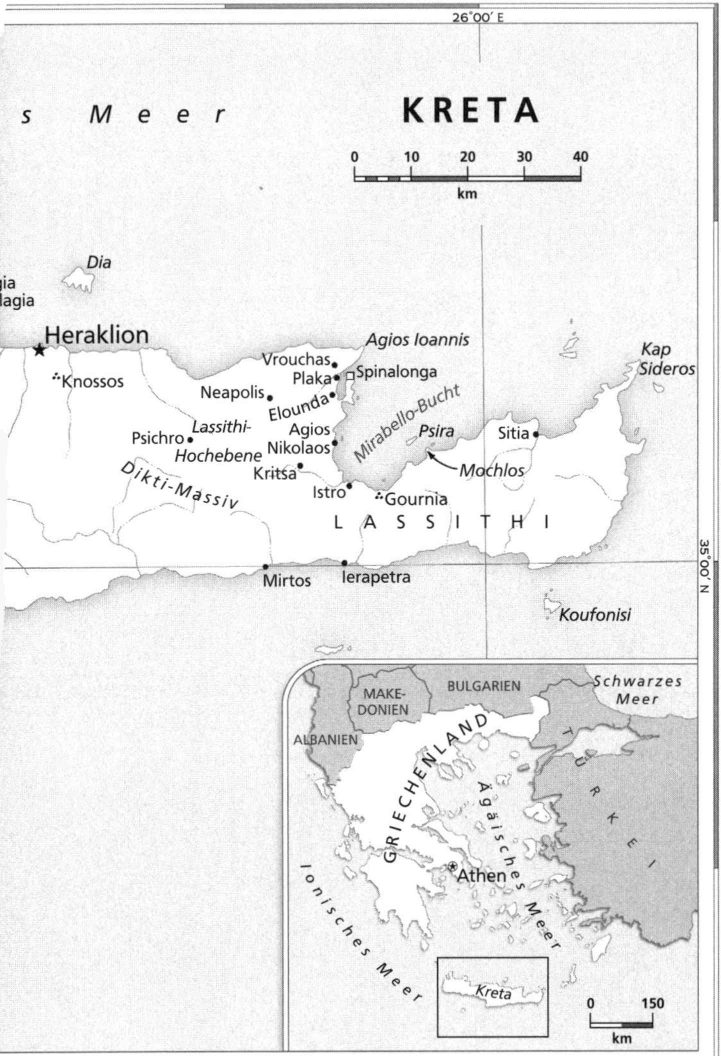
KRETA
26°00′ E
35°00′ N
0 10 20 30 40
km
s Meer
Dia
gia
elagia
Heraklion
Knossos
Agios Ioannis
Vrouchas
Plaka
Spinalonga
Neapolis
Elounda
Agios
Nikolaos
Mirabello-Bucht
Psira
Sitia
Kap
Sideros
Psichro
Lassithi-
Hochebene
Kritsa
Dikti-Massiv
Mochlos
Istro
Gournia
L A S S I T H I
Mirtos
Ierapetra
Koufonisi
MAKE-
DONIEN
BULGARIEN
Schwarzes
Meer
ALBANIEN
GRIECHENLAND
Ägäisches Meer
TÜRKEI
Athen
Ionisches Meer
Kreta
0 150
km
E

# INHALT


1 *Die Höhlen des Zeus und die Häuser Christi* 9

2 *Alt ist neu in Chania* 39

3 *Schluchten und Rebellen* 61

4 *Die wandelbare Festung* 84

5 *Im Labyrinth* 99

6 *Friede mitten im Tumult* 135

*Bibliografie* 158

*Für meine Enkelkinder*

1

# *Die Höhlen des Zeus und die Häuser Christi*

Wir beschlossen, Anfang Mai zu reisen. Die Badesachen packten wir zwar ein, rechneten aber eigentlich nicht damit, schwimmen zu können, denn um diese Jahreszeit ist das Meer noch zu kalt, zumindest für Leute, die nicht sehr abgehärtet sind. Ein Kreter wagt sich vor Juli kaum ins Wasser. Allerdings brennt die Sonne auch schon im Mai, weshalb man sie mit Vorsicht genießen sollte. Meine Frau Aira und ich hatten uns vorgenommen, ausgiebig zu wandern – Kreta ist eines der schönsten Wandergebiete, die ich kenne –, also standen Sonnenhüte, Sonnenbrillen und festes Schuhwerk ganz oben auf der Packliste.

Der Himmel wirkte mild und freundlich, als wir zur Landung ansetzten, der Landschaft unter uns jedoch fehlte alles Sanfte. Man blickt auf nackte, mit Geröll übersäte Felder, dazwischen frei geräumte Flecken in rötlichem Braun, fast schon Terrakotta, und in der Ferne erkennt man die Kette der Lefka Ori, der Weißen Berge, mit ihren schneebedeckten Gipfeln. Bereits bei der Landung umfing uns diese besondere Mischung aus bewegter Vergangenheit und leicht verwahrloster Gegenwart, die ein besonderes Kennzeichen dieser Insel zu sein scheint.

Für die Griechen späterer Zeiten war Kreta die verehrungswürdigste und älteste Kulturstätte überhaupt. Denn hier hatte alles angefangen. Die ersten Schafhirten waren Kreter, ebenso die ersten Bienenzüchter und Imker, die ersten Bogenschützen und Jäger. Bei Letzteren handelte es sich um die Kureten aus der griechischen Sage, die Söhne der Erde, die den jungen Zeus umsorgten. Da alles hier seinen Anfang genommen hatte, war Kreta auch die Geburtsstätte des Göttervaters Zeus.

Angeblich kam Zeus in einer Höhle hoch oben in den Dikti-Bergen zur Welt, in der Nähe des ostkretischen Dorfes Psychro am Südrand der Lassithi-Hochebene. Seine Mutter Rhea war hierher geflohen, um ihn heimlich zu gebären und so vor ihrem Gatten Kronos zu retten, dem Herrscher des Himmels. Diesem nämlich war vorhergesagt worden, dass einer seiner Söhne ihn stürzen werde, und deshalb verschlang er alle seine Nachkommen. Rhea präsentierte ihm statt seines Sohnes einen mit Windeln umwickelten Stein, und in seiner panischen Gier schlang Kronos ihn hinunter, ohne genauer hinzusehen. Nachdem Rhea in Kreta niedergekommen war, vertraute sie den Säugling der Obhut der Kureten an. Diese erfanden daraufhin den Waffentanz, bei dem sie mit ihren bronzenen Speeren gegen ihre Schilde schlugen, um das Schreien des Säuglings zu übertönen und zu verhindern, dass Kronos die Täuschung durchschaute, der er erlegen war, und auch diesen Sohn verschlang.

Auf Schriftsteller wie mich üben solche Geschichten einen starken Reiz aus. Ich siedle die Handlung meiner Romane oft in der Vergangenheit an, manchmal sogar in grauer Vorzeit. Das ist vermutlich eine Frage des Temperaments, aber für mich hat diese Distanz etwas Befreiendes, weil sie Abstand schafft zur unübersichtlichen Gegenwart und zu zufälligen Assoziationen, die meine Geschichte untergraben könnten. Außerdem ermöglicht sie es mir, Vergleiche mit dem anzustellen, was ich als die Realität der Gegenwart empfinde. Es findet also eine Art Verschmelzung statt, ein Ineinandergreifen von Vergangenheit und Gegenwart. Das ist wahrscheinlich einer der Gründe, weshalb mir Kreta, dieses für solche Verschmelzungen prototypische Land, von Anfang an sympathisch war.

Als wir zu Hause vor unserer Abreise einiges an Literatur über die Erforschung dieser abgelegenen Berghöhle lasen, bekamen wir eine Vorstellung von der Dramatik und Romantik der frühen archäologischen Ausgrabungen in Kreta. Sie begannen im ersten Frühjahr des 20. Jahrhunderts unter Leitung von D. G. Hogarth, dem damaligen Direktor der Britischen Schule in Athen, und wurden von Männern und Frauen durchgeführt, die von klassischer Bildung und leidenschaftlichem Entdeckergeist gleichermaßen durchdrungen waren. Über die Bergpässe führten damals keine Straßen, nur holprige Pfade. Die Arbeiter und ihre Ausrüstung – Steinhämmer, Stützbalken, Sprengstoff – mussten mit Maultieren transportiert werden. Leonard Cottrell zitiert ein Jahr später im *Monthly Review* aus Hogarths Bericht und gibt dessen ersten Eindruck von der Höhle und ihrem »bodenlosen Abgrund« auf der linken Seite wieder: »Zunächst bricht der Fels senkrecht ab, aber dort, wo das Licht schwächer wird, verläuft er schräg nach außen und fällt danach noch einmal

200 Fuß tief in pechschwarze Dunkelheit hinab. Wenn Sie sich so weit vorgetastet haben, sollten Sie stehen bleiben und ein helles Licht anzünden. Zu Ihren Füßen breitet sich ein eisiger Tümpel bis zu den Stalaktiten im Herzen des Berges aus.«

Die obere rechte Kammer der Höhle war schon mehrmals aufgebrochen und ausgeraubt worden, die untere, tiefer gelegene Kammer hingegen war noch unerforscht. Mit Sprengstoff beseitigte man rasch die im Weg liegenden Felsbrocken, die Generationen von Möchtegern-Plünderern den Eingang versperrt hatten. Die Arbeiter, die inzwischen Verstärkung durch weibliche Verwandte bekommen hatten, die man ebenfalls angeworben hatte – Hogarth war nämlich davon überzeugt, dass die Anwesenheit von Frauen die Männer zur Arbeit motivierte –, begannen zu graben und drangen von Tag zu Tag tiefer in das Dunkel der Höhle vor, bis nur noch die hellen Punkte ihrer Kerzen in der Ferne zu erkennen waren.

Und dann kam die wundersame Entdeckung: Als einer der Arbeiter seine Kerze im schmalen Spalt eines Stalaktiten abstellte, fiel ihm ein metallisches Glitzern auf – in dem Spalt steckte eine Klinge. Sie entpuppte sich als ein Bronzemesser mykenischer Herkunft. Ausgeschlossen, dass es zufällig dorthin gelangt war. Jemand musste es in ferner Vergangenheit als Opfergabe für eine Gottheit hier zurückgelassen haben.

Angespornt von diesem Fund, suchte der Trupp die Spalten der uralten Kalksteinsäulen ab, die im Kerzenschein vor Feuchtigkeit glänzten. In den folgenden Tagen stießen sie auf Hunderte von Gegenständen: Messer, Gürtelschnallen, Nadeln, Ringe, winzig kleine doppelschneidige Äxte, die gläubige Menschen vor etwa 4000 Jahren in dieser Furcht einflößenden Tiefe in die Spalten der Stalaktiten gelegt hatten. Hogarth zweifelte nicht daran, den wahren Geburtsort von Zeus gefunden zu haben. »Von allen heiligen Höhlen dieser Welt«, schrieb er, »ist die von Psychro ihrer unteren Kammern wegen ganz und gar einzigartig.«

Vermutlich hätte Hogarth sich eher jene Gläubigen längst vergangener Zeiten vorstellen können als die Folgen, die der Massentourismus Ende des 20. Jahrhunderts für diese heiligen Grotten haben sollte, deren Friede jahrtausendelang ungestört geblieben war. Heutzutage zieht Zeus' Geburtsort die Neugierigen in Scharen an. Von der gesamten Nordküste aus fahren überall zwischen Chania und Agios Nikolaos Busse die Küstenstraße entlang, biegen bei Neapolis ins Landesinnere ab und quälen sich die kurvenreiche Straße hinauf zum Lassithi-Plateau. Am Beginn des Pfades, der zur Höhle emporführt, warten bereits Fremdenführer, die lautstark und zuweilen aufdringlich ihre Dienste anpreisen. Ihre Kollegen säumen in Scharen den Höhleneingang, ausgerüstet mit Taschenlampen, reichlich kretischem Einfallsreichtum und Erzähltalent. Sie können einem sogar die Nische zwischen den Stalaktiten zeigen, in der Zeus als Säugling gebadet worden war, und die Mulde, in der seine Wiege gestanden hatte. Trotz alledem, trotz der irritierenden Lichtkegel der Taschenlampen und des hallenden Stimmengewirrs überkommt einen so etwas wie Ehrfurcht, wenn man in den Tiefen der Höhle steht und den Blick auf den dunstigen Lichtschein über sich richtet. Diesen Flecken Himmel hat Zeus, dem es vorherbestimmt war, Vater der Götter und der Menschen zu sein, gesehen, als er zum ersten Mal die Augen aufschlug.

Das behaupten die einen. Andere hingegen behaupten, Zeus sei in Wirklichkeit in der Idäischen Höhle am Rand der Nidhi-Hochebene geboren, unter dem Gipfel des Ida, der heute Psiloritis heißt. Mit seinen bis zu 2456 Metern Höhe ist er der höchste Gebirgsstock Kretas. Sein alter Name bedeutet »Wald«, was darauf hinweist, dass diese Hänge einst dicht bewaldet waren. Die Idäische Höhle diente sehr lang als Kultstätte, von der kretischen Bronzezeit bis in die Zeit der Römer. Der Überlieferung zufolge suchte auch der Philosoph Pythagoras die Höhle auf, um Zeus ein Brandopfer darzubringen.

Ich glaube fest an die Macht der Fantasie, vor allem wenn sie sich auf die Vergangenheit richtet. Aber zuweilen versagt sie auch, und meine versagt unweigerlich, wenn ich mir auszumalen versuche, wie Pythagoras als Mensch aus Fleisch und Blut in einer Höhle steht und betet. Für mich ist er lediglich ein abstraktes Prinzip und obendrein ein Quell der Frustration. Wir lernten uns kennen, als ich noch in kurzen Hosen umherlief (damals trugen Jungs noch kurze Hosen) und mein Geometrielehrer von mir verlangte, den Satz des Pythagoras über rechtwinklige Dreiecke zu beweisen, was mir Zeit meines Schülerdaseins nicht glückte.

Hier auf 1600 Meter Höhe über dem Meeresspiegel ist die Landschaft atemberaubend, doch die Höhle selbst ist niedrig und ziemlich unspektakulär, wie kretische Höhlen eben sind; außerdem fehlt ihr die dramatische grottenartige Tiefe ihrer Konkurrentin. Die Streitfrage unter den Gelehrten ist nach wie vor ungeklärt – die Argumente zeugen zwar von großer Sachkenntnis, sind aber nicht schlüssig. Mir wäre es durchaus recht, wenn es für alle Zeiten dabei bliebe und keine Entscheidung fiele, aber Aira, die stets darauf bedacht ist, ein Problem zu lösen, bevor sie sich etwas Neuem zuwendet, freute sich, dass man zu einer pragmatischen Einigung gelangt war – zumindest nach Ansicht des Tourismusverbandes und der jeweils betroffenen Bevölkerung. In Anbetracht der Tatsache, dass sich mit zwei Ausflugszielen ein besseres Geschäft machen lässt als mit einem, verständigte man sich offiziell darauf, dass Zeus in der Diktaia-Höhle geboren war und in der Idaia-Höhle, genährt von wilden Tieren, seine ersten Lebensjahre verbrachte.

Finstere Orte unter der Erde, von denen Kretas Bergrücken aus Kalkstein durchlöchert sind, wurden schon von frühester Zeit an mit ausschweifendem Treiben und der Verehrung der Erdgottheiten in Verbindung gebracht. Auch darin bewiesen die Kreter ihre Eigenart. Für die Griechen auf dem Festland war Zeus eine Himmelsgottheit. Er herrschte von den Sphären hoch über den Wolken aus, er war es, der den Donner grollen ließ und die Wolken zusammenballte. Wieso sollte er dann in Höhlen umherschleichen?

Doch die Kreter sind äußerst hartnäckig und hoch begabt in der Kunst, das letzte Wort zu behalten. Da sie in Zeus einen Fruchtbarkeitsgott sahen, der mit dem zu Ende gehenden Jahr starb und im Frühling wiedergeboren wurde, und da sie ohnehin schon seinen Geburtsort besaßen, konnten sie doch eigentlich auch noch seine Grabstätte für sich reklamieren. Genau das taten sie auch und behaupteten, sie liege auf dem höchsten Gipfel des Juktas südlich von Knossos. Das empörte natürlich all jene, für die der Gott unsterblich war. Zu ihnen gehörte auch der im 7. Jahrhundert v. Chr. lebende Dichter und Wunderpriester Epimenides, selbst eine halb legendäre Figur, von dessen Schmähgedicht auf die Kreter ein Fragment die Zeiten überdauert hat. Costis Davaras zitiert es in seinem Buch über kretische Altertümer:

*Die Kreter haben dir ein Grab geschaufelt,*
*O Heiliger und Erhabener,*
*Diese Lügner, bösen Tiere, faulen Bäuche.*

Diese Zeilen rezitierte ich, während Aira und ich zwischen den Frühlingsblumen standen und zu dem sagenumwobenen Gipfel emporblickten, und wie üblich ertrug sie meine Schwülstigkeit mit guter Laune. Epimenides war selbst Kreter, was seinen Worten zusätzlich Gewicht verleiht. Der Apostel Paulus zitiert sein vernichtendes Urteil 700 Jahre später in seinem Brief an Titus, dem laut Überlieferung ersten Bischof von Kreta. Dieses Verdikt über die Kreter, gefällt von einem aus ihren eigenen Reihen, sei wahr und wohl begründet, sagt der Apostel, und er fügt hinzu: »Darum weise sie scharf zurecht, auf dass sie gesund werden im Glauben.«

Doch der Ladenbesitzer in Chania, mit dem Aira und ich ins Plaudern kamen, während er auf der Türschwelle stand und die Morgensonne genoss, sah die Sache ganz anders.

Er bat uns herein, bot uns Kaffee an und präsentierte uns mit einer Mischung aus Stolz und Augenzwinkern seine Regale voll handbemalter Keramik. Auf manchen Stücken waren Motive aus der klassischen Mythologie abgebildet, und davon angeregt gab er seine eigene Version der Zeus-Geschichte zum Besten. Die alten Athener hätten den Gott gestohlen, ihn bis zur Unkenntlichkeit umgemodelt und ihn sich angeeignet. Das sei ihnen nur gelungen, weil sie aus den Kriegen zwischen Kreta und Athen – zeitweise und mit Hilfe von Verrätern – als Sieger hervorgegangen seien. Und wie lasse sich ein Sieg besser bekunden als dadurch, dass man den Besiegten ihre Götter raube? Genau zu dieser Zeit seien auch die minoischen Paläste von Knossos und Festos durch Feuer verwüstet worden. Brauche man etwa noch mehr Beweise?

Ich betrachtete ihn aufmerksam, während er erzählte. Diese Ereignisse waren für ihn so real, als hätten sie erst vorgestern stattgefunden. Kreter lieben Geschichten. Ihre Insel ist seit mindestens 8000 Jahren besiedelt, genug Zeit für eine Menge Geschichten und für den langen kreativen Prozess des Ausschmückens, bei dem sich Mythos, Legende und reale Ereignisse miteinander vermischen, ineinander verweben und irgendwann nicht mehr voneinander zu trennen sind.

Kein Wunder, dass sich Gelehrte und Archäologen über die Höhlen streiten. Immerhin gibt es auf der Insel mehr als 2000 davon. Die vier großen Bergmassive, die sich steil aus dem Meer erheben und den gebirgigen Kern Kretas bilden, bestehen alle aus Kalkstein. Die Säure im Regenwasser löst den Kalk auf und ätzt in seine Oberfläche winzige Rinnen und Mulden, in denen sich Wasser sammelt. Über riesige Zeiträume hinweg entstehen Abflusslöcher, das Kalkgestein bekommt Sprünge und Risse, und durch das kontinuierliche Einwirken des Wassers werden unter der Oberfläche Höhlen ausgeschabt, unterirdische Kammern – teils einfach, teils vielschichtig, mit Galerien auf verschiedenen Ebenen, die manchmal bis in die Bergmitte reichen. Es bilden sich Stalaktiten, das Wasser sammelt sich in Rinnsalen und Tümpeln. In diesen stockfinsteren Tunneln, Höhlen und labyrinthischen Wasserläufen entstand in den drei Milliarden Jahren, seit es Leben auf unserem Planeten gibt, eine ungeheure Vielzahl an kriechenden, schwimmenden Wesen, blind und farblos und der Umgebung perfekt angepasst.

Höhlen und Schutzräume im Fels sind von jeher aufs Engste mit der Geschichte Kretas verknüpft. Dort befanden sich die ersten Heiligtümer und kultischen Orte, sie boten Schutz vor den Piraten, dienten während der Aufstände im 18. und 19. Jahrhundert Räubern und Revolutionären sowie im Zweiten Weltkrieg den Partisanen als Verstecke. Zuweilen kam es dort zu entsetzlichen Gewalttaten gegen die aufständische Bevölkerung. Als Xan Fielding in den 50er-Jahren eine solche Höhle nahe dem Dorf Vafes im östlichen Teil der Weißen Berge besuchte, entdeckte er eine am Fels angebrachte Gedenktafel. Sie erinnerte an die 150 einheimischen Männer, Frauen und Kinder, die im August 1821 Zuflucht in der Höhle gesucht hatten und auf Befehl der beiden türkischen Paschas, Resit und Osman, erdrosselt wurden. Angeblich soll das Weinen eines Kindes den Türken das Versteck verraten haben.

Wir hatten beschlossen, als Erstes einige Höhlen zu besichtigen. Das ist eine ausgezeichnete Methode, um Kreta kennen zu lernen, denn Höhlen gibt es hier überall. Und auf dem Weg dorthin entdeckt man zwangsläufig allerlei Interessantes. Chania an der Nordwestküste, wahrscheinlich die älteste und zweifellos die reizvollste Stadt auf der Insel, ist dafür ein guter Ausgangspunkt.

Von Chania aus fuhren wir zunächst westwärts Richtung Kolimbari, das am Beginn der Halbinsel Rodopos liegt, und bogen dann nach Süden Richtung Episkopi ins Tal des Spiliakos ab. Es war eine Wohltat, die Küstenstraße zu verlassen, vor allem den Abschnitt hinter Chania. Weil diese Straße am Meer entlangführt, nur durch einen sehr schmalen Streifen Bebauung vom Wasser getrennt, hat sie eine dramatische touristische Entwicklung durchgemacht: Man fährt an einer fast ununterbrochenen Kette von lieblos zusammengewürfelten Hotels, Häusern mit Ferienwohnungen, Strandcafés, Supermärkten und Souvenirläden vorbei, die wir als recht chaotisch und bedrückend empfanden.

Als Entschädigung dafür ist die von Touristen wimmelnde Straße ins Gebirge im Landesinneren, wenn man sie denn erreicht hat, überaus hübsch und reizvoll. Sie folgt dem Tal und führt durch wunderbar üppige Olivenhaine. Am schönsten sind diese im Mai, wenn die Bäume ein von unzähligen Bienen umschwirrtes Meer gelber Blüten bilden, oder im Spätherbst, wenn sich die Früchte dunkel färben. Das Laubwerk ist dichter und kräftiger grün und die Äste greifen weiter aus als bei den Olivenbäumen im westlichen Mittelmeerraum. Insgesamt sind die Bäume, die die Hänge bis zu den Kuppen hinauf bedecken, ausgesprochen stattlich. Das Öl von kretischen Oliven ist, wie einem jeder Kreter bestätigen wird, weltweit mit keinem anderen zu vergleichen. Oliven scheinen irgendetwas an sich zu haben, was den regionalen Chauvinismus zu Tage fördert. Bei uns in Umbrien gibt es auch Olivenbäume, und auch wir pressen Öl – und natürlich halten wir es für das beste weit und breit. Die Toskaner denken genau das Gleiche von ihrem Öl, ebenso die Menschen in Apulien. Natürlich hängt vieles von den Geschmacksgewohnheiten und den Anbaumethoden ab. Das beste Öl stammt von frischen, handgepflückten Oliven. Wenn die Netze mehrere Tage lang unter den Bäumen liegen bleiben und die Oliven vom Boden aufgesammelt werden, wie es in Süditalien geschieht, bekommt das Öl mehr Säure. Zumindest denken wir in Umbrien so darüber.

Die Höhle liegt auf einem Hügel über dem Dorf Spilia. Sie ist sehr gut zu Fuß zu erreichen, ein Spaziergang von nur wenigen Minuten. Doch bevor wir den bergan führenden Pfad einschlugen, wollten wir die Kirche Panagia am Dorfrand besuchen, die bekannt ist für ihre Atmosphäre schläfriger Ruhe, ihre schönen Fresken aus dem 14. Jahrhundert und die breite Terrasse, von der aus sich der Blick auf das Meer und die Landzunge Akrotiri hin öffnet. Die Dorfkirchen auf Kreta strahlen einen tiefen Frieden aus. Sie werden gefegt und sauber gehalten, die abgeschrägten roten Dachziegel werden ausgebessert und ersetzt, die Wände weiß getüncht, und umgeben sind sie von gut gepflegten Gärten. Meist trifft man dort auf keine Menschenseele, doch überall ist eine fürsorgliche Hand zu spüren, eine Mischung aus Hingabe und Häuslichkeit, zu der Katzen ebenso gehören wie Feigenbäume und Ikonen. Kein künstlicher, planvoll angelegter Garten, der den Platz um die Kirche herum schmücken soll, sondern Pflanzen, die um ihrer selbst willen von einem Gärtner gepflegt werden oder weil sie vielleicht Früchte tragen. Und so wachsen hier Zitronen, Feigen und Mandeln zwischen anderen Bäumen, die nur ihrer Blüten oder ihres schönen Wuchses wegen gepflanzt wurden. Deshalb überraschte es uns auch nicht, dass dort Hühner und ein paar Ziegen herumliefen.

Und dazwischen taucht, wenn man es am wenigsten erwartet, die Symbolik des Christentums auf – dramatisch, tragisch, ganz und gar ungezügelt. Auf dem Weg hinauf zur Höhle zweigt ein steiler Trampelpfad ab, der zu einem lebensgroßen hölzernen Christus am Kreuz auf dem Gipfel führt. Über dem steinigen Hang zeichnet sich die gekreuzigte Gestalt vor dem Himmel ab – wir blicken auf den Kalvarienberg.

Das Unterholz auf Kreta, das Buschwerk an den Berghängen, ist weniger grün als in den mir vertrauten Regionen, in Umbrien und in der Toskana, aber farblos ist es nicht. Die Erde schimmert rötlich, und wenn der Frühling in den Sommer übergeht, verdorrt die Vegetation unter der sengenden Sonne zu einem Rotbraun mit einem Hauch Orange und Purpur – den Farben des Feuers. Abends oder am Morgen, wenn die Sonne tief am Himmel steht und ihre Strahlen schräg auf die Berghänge wirft, schimmert das Unterholz in sanftem, flammenfarbenem Glanz und lässt eine fast unwirklich schöne Landschaft entstehen.

Von März bis Mai oder Anfang Juni bedecken Wildblumen in Hülle und Fülle die ganze Fläche: Malven, Zistrosen, prächtige Disteln, große blassgelbe Margeriten, Narzissen, Orchideen. Später werden sie von duftenden Kräutern abgelöst, die in der wärmenden Sonne einen betörenden Duft verströmen: Borretsch, Bohnenkraut, Thymian, Salbei, Geißklee und viele andere.

Dieses Blühen auf steinigem Boden in einem Land mit unbarmherzigen Sommern erscheint fast wie ein Wunder, ermöglicht nur durch eine enorme Zähigkeit, die teuer erkauft wird. Das gilt besonders für die eher zart wirkenden Gewächse, die Grasnelke, die blassrosa Winde, die gefiederte Felsenglockenblume, die winzigen, empfindlichen Blumen, die an Ehrenpreis erinnern, nur dass ihr Blau dunkler ist, und die unter den Steinen auf dem Weg unter unseren Füßen in der Idealgestalt von Blume und Blatt nach oben drängen. Lauter Wildwuchs natürlich, ganz seinen eigenen Gesetzen unterworfen. Dennoch fällt es schwer, ihn nicht als Ergebnis einer hegenden und pflegenden Hand zu sehen, als Ausdruck einer Hingabe ähnlich der, die wir unten im Umfeld der Kirche empfunden haben.

Als wir zur Grotte des Agios Ioannis Xenos, des Einsiedlers Johannes, gelangten, spürten wir diesen Einfluss wieder ganz deutlich. Eine große Höhle mit mehreren Ebenen, gewundenen Gängen, die sich plötzlich zum Sonnenlicht hin öffnen, kleinen Nebenkammern, die an Kapellen erinnern und in denen vielleicht ein mit einem ausgefransten Tuch bedeckter Tisch steht, eine Geranie in einem Tontopf, Kerzen, die von den Gläubigen entzündet werden können, hier und da an die raue Felswand angelehnte Ikonen.

In dieser Grotte lebte der heilige Johannes im 11. Jahrhundert als Einsiedler, und hier starb er auch. Sehr wahrscheinlich haben schon vor ihm eine ganze Reihe heiliger Männer hier gelebt. In einer an die Hauptgrotte angrenzenden Höhle befindet sich eine kleine Marienkapelle mit schlichtem Gewölbe und unbehauenen Wänden. Ein Altar, darauf ein schlichtes Tuch, ein Messinghalter mit einem Kerzenstumpf. Überall an den Wänden und dem Gewölbe sind Reste von Fresken zu erkennen, zu Lebzeiten des Heiligen entstanden, im Lauf der Jahrhunderte jedoch infolge von Feuchtigkeit und Verfall weit gehend verblasst. Auch hier hat man dieses Gefühl von etwas teuer Erkauftem, von etwas, das gegen alle Widerstände erzwungen wurde, von Ordnung und geduldiger Fürsorge an diesem einsamen, längst verlassenen Ort, der heute hauptsächlich von Neugierigen und Skeptikern wie uns aufgesucht wird; und man spürt auch etwas Trotziges und Unbeugsames in dieser Fürsorge, etwas von dem Geist, der das Selbstverständnis der Kreter über die Jahrhunderte quälender Unterdrückung hinweg aufrechterhalten hat. Die Fresken atmen den gleichen unbeugsamen Geist. Trotz des Zerstörungswerks der Zeit sind ihnen die menschlichen Züge nicht abhanden gekommen; hie und da sind die dunklen, ausdrucksstarken Gesichter fast unversehrt. Einer der heiligen drei Könige ist erhalten geblieben, er verbeugt sich und bringt sein Geschenk dar; der Kopf der Jungfrau ist noch immer in der für Ikonen typischen ergebenen Haltung geneigt.

Fresko des Evangelisten Markus

Rund eineinhalb Kilometer weiter südlich in Richtung Episkopi führt ein Fußweg von der Straße durch den Wald zu der winzigen Kapelle des heiligen Stephan. Mit ihren weiß getünchten Mauern, überschattet von hoch aufragenden Eichen, scheint sie der Landschaft entrückt und zugleich ganz in sie eingebettet. Selbst mitten im Sommer findet man dieses winzige Kleinod von Kirche wahrscheinlich verlassen vor. Die Fresken stammen aus der Zeit unmittelbar nach der Vertreibung der Araber aus Kreta im Jahr 961 n. Chr.

Die Eroberung und Besetzung der Insel durch die Araber ist eines der düstersten Kapitel in der Geschichte Kretas. Eine ursprünglich aus Cordoba in Spanien stammende Truppe sarazenischer Abenteurer, die 823 von ihrem Stützpunkt Alexandria vertrieben worden waren, ging hier, angeführt von Emir Abu Ka'ab, an Land. Sie schlugen die byzantinischen Regenten und unterwarfen die Insel Stück für Stück, wobei sie die meisten Ortschaften zerstörten. Die Eindringlinge waren einzig und allein am Plündern interessiert. In den 150 Jahren ihrer Herrschaft verwandelten sie die Insel in einen Sklavenmarkt und eine Piratenbastion, quälten die Kreter mit erniedrigender Zwangsarbeit, überfielen die benachbarten Küstenstriche und raubten die ägäischen Inseln aus. Während dieser Zeit war Kreta von Byzanz und somit von seinen Glaubensbrüdern und der gesamten christlichen Welt abgeschnitten.

Als die Sarazenen schließlich besiegt wurden und Kreta wieder unter byzantinische Herrschaft kam – die andauerte, bis die Venezianer im Jahr 1204 die Insel in Besitz nahmen –, atmete die Bevölkerung erleichtert und befreit auf. Davon zeugen die Schönheit und Lebendigkeit der Kirchenfresken aus jener Zeit. Ein beeindruckendes Beispiel dafür erleben wir in dieser winzigen, abgelegenen Kirche des heiligen Stephan. Hier zieht das Antlitz des Evangelisten Markus, bis ins Detail erhalten, durch seine feine Zeichnung und Ausdruckskraft den Besucher auch nach 1000 wechselhaften Jahren noch in seinen Bann. Aira machte eine Aufnahme von diesem wunderbaren Gesicht, obwohl sie befürchtete, es könnte zu dunkel zum Fotografieren sein. Aber schließlich kam doch ein sehr schönes Bild dabei heraus.

Natürlich geben Fotos nie das wieder, was man erlebt hat. Sie können die Vielfalt der Eindrücke nicht einfangen, die ein Erlebnis denkwürdig gemacht hat. Aber auch die Erinnerung krankt an einer ähnlichen Art notwendiger Vereinfachung. Ein Bild ist niemals nur etwas rein Visuelles, sondern seine Betrachtung ist immer auch von den Empfindungen und Wahrnehmungen des Augenblicks abhängig, von Elementen also, die jenseits unseres Erinnerungsvermögens liegen.

Östlich von Chania schiebt sich die Halbinsel Akrotiri wie ein behelmter Kopf auf einem langen, knochigen Hals ins Meer hinaus. Auch hier gibt es sehenswerte Höhlen, und Besucher, die ein wenig Kletterei nicht scheuen, werden mit einem großartigen Erlebnis belohnt.

Über die Straßen an der Ostseite der Halbinsel gelangt man zum Kloster Agia Triada, das von bestellten Feldern

Das Kloster Agia Triada

und prächtigen Olivenhainen umgeben ist – alles ein Werk der Mönche. Agia Triada, erbaut im venezianischen Stil, gehört zu den besterhaltenen kretischen Klöstern. Seine Mauern sind aus schönem rötlich beigem Stein, der in der Sonne schimmert, als strahle er von innen heraus. Anders als in den meisten Klöstern auf der Insel leben hier noch Mönche in klösterlicher Gemeinschaft, auch wenn die umliegenden Gebäude baufällig und mehr oder weniger sich selbst überlassen sind und mittlerweile hauptsächlich von Ziegen und Katzen bewohnt werden.

Vielleicht üben solche Gemeinschaften, deren Leben aus Arbeit und Gebet besteht, deshalb auf viele Kreta-Besucher eine so starke Faszination aus, weil sie immer seltener werden und die Gefahr besteht, dass sie völlig verschwinden. Obwohl es erst neun Uhr war, als wir eintrafen, und die Saison noch kaum begonnen hatte, parkten bereits vier Reisebusse vor dem Kloster, und eine ansehnliche Touristenschar bevölkerte das Gelände. Die Mönchszellen waren verschlossen und verwaist, wohl weil ihre Bewohner bereits draußen auf den Feldern arbeiteten. Der Abt saß neben dem Tisch, an dem die Eintrittskarten verkauft wurden, und verfolgte das Kommen und Gehen der Besucher. Olivenöl mit dem Etikett des Klosters, von den Mönchen mit der eigenen Presse hergestellt, wurde zum Verkauf angeboten. Die Einnahmen aus dem Tourismus werden für den Wiederaufbau, für Reparaturen und die laufenden Kosten verwendet, aber man kann sich nur schwer vorstellen, dass sie dem Kloster ein großes Vermögen einbringen. Und gewiss können sie nicht beheben, was natürlich das Hauptproblem ist: die stetig schwindende Attraktivität der klösterlichen Einstellung und Lebensweise, den Mangel an Nachwuchs.

Dennoch ist die ruhmreiche Vergangenheit noch deutlich zu spüren, auch wenn im Lauf der gewalttätigen Geschichte, die das Kloster erlebte, vieles wieder aufgebaut werden musste. Die Hauptkirche in der Mitte des Klosterhofs wurde von einer türkischen Soldateska zerstört, die 1821 den Aufstand der Kreter niederschlug, an dem sich auch viele Mönche beteiligt hatten. Nachdem alle transportablen Wertgegenstände verschleppt worden waren, wurde die Kirche in Brand gesteckt. Augenzeugenberichten zufolge wütete das Feuer derart, dass die Kirche anschließend wie ein Kalkofen aussah. Wegen der gewaltigen Hitze zerfielen die Steinquader des Gebäudes zu Kalk, und der bronzene Kronleuchter sowie die Eisenträger, an denen er hing, schmolzen wie Wachs. Natürlich hat nichts von der ursprünglichen Ausschmückung das Feuer überstanden. Aber die Mönche kehrten zurück und machten sich wieder ans Werk. Der heutige Lettner, die Trennwand zwischen Chor und Kirchenraum, ist eine exakte Nachbildung des ursprünglichen – eine beeindruckende Fülle an Schnitzwerk, Blattmustern, Vögeln, Tieren und Menschengestalten, dazu Ikonen von Propheten und Heiligen, deren ernster, ausdrucksstarker und bescheidener Blick, wie immer, einen Tadel an dem opulenten Zierwerk auszudrücken scheint, in das sie eingebettet sind.

Am besten geht man von hier aus zu Fuß zur Höhle weiter, zumindest wenn man ein Gespür für die Landschaft bekommen möchte. Im Sommer freilich möglichst nicht in den Mittagsstunden, denn dann brennt die Sonne unerbittlich, und Schatten gibt es kaum. Wir machen einen etwa drei Kilometer langen Umweg nach Norden in Richtung Meer zu einem anderen Kloster, dem Kloster Gouverneto. Die Straße dorthin ist unglaublich malerisch und führt zunächst durch eine Landschaft mit verstreuten Felsbrocken und wilden Olivenbäumen, die in ihrer Schönheit und Einsamkeit auf ein unmittelbar bevorstehendes wundersames Ereignis zu warten scheinen; dann folgt sie den Windungen und Schlingen einer Schlucht, an deren steilen Felswänden zu beiden Seiten Gestrüpp wuchert.

Im Frühsommer lassen die Blüten des Stechginsters diese Hänge leuchten, die Sträucher, rund geformt, ducken sich zu Boden. Schwarze Ziegen klettern in steilen Wänden – meist hört man nur das Läuten ihrer Glöckchen, ohne die Tiere selbst zu sehen. Die Geißlein blöken einsam und ängstlich, wenn sie sich zu weit vom Muttertier entfernt haben. Dieses klägliche Blöken, der flüchtige Klang der Glocken und das Summen der Bienen, die zwischen Thymian und Zistrosen umherschwirren, sind die einzigen Geräusche, die man in diesen Bergen vernimmt.

Das Kloster Gouverneto ist älter als Agia Triada und architektonisch strenger. Seine Mauern, die eine schöne kreuzförmige Kirche umschließen, erinnern an eine Festung. Im 17. Jahrhundert, in den letzten Jahren der venezianischen Herrschaft, war Gouverneto eines der reichsten Klöster der Insel. Es besaß riesige Ländereien, und die Gemeinschaft der Mönche hatte regen Zulauf. Unter den

Türken jedoch begann der Niedergang, und während des großen Aufstands von 1821 erlebte es das gleiche Schicksal wie Agia Triada – und in größerem oder kleinerem Umfang alle Klöster auf der Halbinsel Akrotiri: Viele Mönche wurden umgebracht, das Kloster geplündert. Heute wirkt es einsam und verlassen. Seltsame Fratzen sind in die Steinsäulen der Kirchenfassade gemeißelt, ein ungewöhnliches Gestaltungsmittel, das mehr an die Grotesken der westlichen romanischen Architektur erinnert als an die eher steife orthodoxe Tradition. Seelen in Not? Dämonen, die aus den heiligen Hainen vertrieben wurden? Schwer zu sagen. Ein zerzauster, traurig dreinblickender Mönch verkauft uns Postkarten. Inzwischen leben nur mehr vier Mönche hier.

Nun geht es zu unserer Höhle. Vom Nordende des Klosterhofs schlängelt sich ein steiniger Pfad zum Meer hinab. Nach wenigen Minuten gelangt man zu einer großen Höhle, deren vorderer Teil von Tageslicht erhellt wird und in der sich weiter hinten seltsame Schattenspiele beobachten lassen. Es ist die uralte Arkoudiotissa- oder Arkouda-Höhle, einst der Göttin Artemis geweiht, die man hier in Gestalt einer Bärin verehrte – *arkouda* heißt im Neugriechischen Bärin.

Und tatsächlich gibt es hier einen Bären oder zumindest ein unförmiges Stalagmitengebilde, in dem man einen Bären erkennen kann, der in der Düsternis kauert und sich mit gesenktem Kopf über eine steinerne Zisterne beugt. Von der Decke tropft ständig Wasser. Wahrscheinlich bekommt man nirgendwo sonst ein ähnlich klares und deutliches Geräusch zu hören.

Hunderttausende von langsam dahintröpfelnden Jahren hat es gedauert, bis diese zusammengekauerte Gestalt entstanden war. Der Bär war schon sehr alt, als man Artemis aus Asien hierher brachte, um sie ins Pantheon der Griechen einzugliedern. Einleuchtend, dass diese Höhle zum Mittelpunkt ihrer Verehrung wurde – der Bär war ihr heilig. Doch in dieser Höhle befindet sich noch ein Heiligtum, das einem anderen Glauben angehört: eine Kapelle, die der Maria Arkoudiotissa gewidmet und Mariä Reinigung geweiht ist. Maria hat den Bären sozusagen geerbt, so wie die orthodoxe Kirche die alten Götter erbte und sie in ihre Rituale integrierte.

Nikos Psilakis erzählt uns die hiesige Legende, derzufolge der Bär einst lebendig war und immer in diese Höhle kam, um aus der Zisterne zu trinken, so dass die Mönche von Gouverneto durstig blieben. Sie sahen den Bären zwar nie trinken, aber wenn sie Wasser holen wollten, war die Zisterne stets trocken. Also versteckten sie sich eines Tages, um auf ihn zu warten. Als der Bär jedoch auftauchte, war er so riesengroß, dass sie in Panik gerieten. Sehen konnten sie auch nichts mehr, weil der Bär das Tageslicht verdeckte. Einer der Mönche flehte daraufhin die Jungfrau um Hilfe an. Noch während er betete, verwandelte sich der trinkende Bär zu Stein.

Der Weg führt weiter hinab, immer steiler, schließlich über Stufen im Fels. Nach etwa einer halben Stunde gelangt man zu den Überresten eines weiteren Klosters, das eine eigene, besonders eindrucksvolle Höhle besitzt und dessen Kirche in eine am Hang gelegene Höhle gebaut ist. Es ist das Kloster Katholiko, das Kloster des

Ruinen des Klosters Katholiko

Eremiten Johannes, das allgemein als das älteste Kloster Kretas gilt. Wegen wiederholter Piratenüberfälle mussten die Mönche es vor 300 Jahren aufgeben.

Ob Kreta in seiner langen Geschichte durch Piraterie mehr Leid erlitten als selbst verursacht hat, lässt sich nicht eindeutig beantworten. Die Bilanz auf beiden Seiten entzieht sich jeder Arithmetik. Schon in prähistorischer Zeit betrieben die Kreter Seeräuberei. Zu Zeiten Homers waren sie dafür berüchtigt, dass sie die Küsten nah und fern überfielen. Offenbar galt Piraterie damals nicht als anrüchig, denn im 14. Buch der *Odyssee* gibt sich Odysseus als Kreter aus und brüstet sich mit seinen seeräuberischen Heldentaten, um sich den Respekt seiner Gastgeber zu verschaffen; er prahlt mit neun Überfällen, die er verübt habe, und der gewaltigen Beute, die ihm dabei in die Hände gefallen sei.

Später jedoch hatte die Insel schrecklich unter den muslimischen Freibeutern zu leiden, die sie von ihren Schlupfwinkeln in Nordafrika aus überfielen. Besonders schlimm wurde es nach 1204, als die byzantinische Seemacht im Verlauf des vierten Kreuzzugs zerschlagen wurde und die Küsten nicht mehr schützen konnte. Ein Großteil der fruchtbarsten Landstriche findet sich in den Küstenebenen und war daher besonders leicht einzunehmen. Oliver Rackham und Jennifer Moody haben in ihrem Buch über die Gestaltung der kretischen Landschaft auf die extreme Bevölkerungsfluktuation in diesen Regionen hingewiesen, die aus Furcht vor Piratenüberfällen über lange Zeiträume hinweg unbesiedelt blieben und nicht bebaut wurden. In den Jahrhunderten der venezianischen Herrschaft war auf der Insel sogar eine Galeerenflotte stationiert, hauptsächlich zum Schutz der Küsten vor den Marodeuren. Die Lage verbesserte sich erst nach der Eroberung durch die Türken im 17. Jahrhundert, als sowohl die christlichen Inselbewohner als auch die muslimischen Piraten Untertanen des Osmanischen Reiches wurden – einer der sehr wenigen Vorzüge, den die türkische Besatzung mit sich brachte.

Heutzutage wirkt Katholiko in seinem verfallenen Zustand dramatisch und spektakulär, vor allem wegen der in den Fels gehauenen Kirche und der monumentalen Steinbrücke, die eine tiefe Schlucht überspannt. Diese Brücke, die sich stolz über eine Wildnis aus Gestein und Gestrüpp schwingt, verband einst die Klostergebäude miteinander, von denen nur noch Ruinen übrig sind. Vom Pfad darüber kann man den Verlauf des Flussbetts verfolgen, das in den Sommermonaten ausgetrocknet ist und sich durch die Schlucht zum Meer hinunterwindet, das von hier oben aus zu sehen ist – schimmerndes Wasser, eine schmale Bucht, ein steiniger Strand: der Weg der Piraten.

Die Hänge dieses unwegsamen Tals sind mit Höhlen übersät, in denen früher vielleicht Götter verehrt wurden oder die Menschen Zuflucht boten. Die Einsiedlerhöhle, in der der Eremit Johannes angeblich gelebt hat und gestorben ist, liegt unmittelbar über dem Kloster und führt, an einem unterirdischen Wasserlauf entlang, tief in den Berg hinein. Hier befindet sich das Grab des Heiligen, das man allerdings nur sehen kann, wenn man eine Taschenlampe dabei hat. Der Legende zufolge war er durch sein entbehrungsreiches, asketisches Leben so geschwächt, dass er nicht mehr aufrecht gehen konnte, sondern sich so krumm hielt, dass es aussah, als würde er auf allen vieren gehen. Ein Mann, der in der Nähe der Höhle jagte, hielt ihn irrtümlich für ein Tier, schoss einen Pfeil auf ihn ab und verwundete ihn tödlich. Mit letzter Kraft schleppte sich Johannes in seine Höhle zurück, um dort zu sterben.

Zu allem und jedem gibt es eine Geschichte, vor allem auf Kreta. Manchmal scheint es, als sei die ganze Insel ein einziger Flickenteppich aus Geschichten, von den Entstehungsmythen über die Heldensagen bis hin zu den wilden Blüten, die der Dorfklatsch treibt. Dennoch gab es einige wissenschaftliche Entdeckungen, die allen Versuchen, sie erzählerisch auszuschmücken, getrotzt haben, weil sie einfach zu bizarr und surreal waren. So entdeckte man in den Höhlen von Kreta versteinerte Knochen von zwergwüchsigen Säugetieren, von einem Elefanten, kleiner als ein Ochse, von einem Nilpferd, nicht größer als ein Schwein, von einem Hirsch, dessen Beine kürzer waren als die eines Schafs. Die großen Säuger, die Vorfahren dieser Tiere, wanderten nach dem Ende des Miozäns vor vier Millionen Jahren in Kreta ein, wahrscheinlich über eine der zeitweise bestehenden Landbrücken, die die Insel mit dem benachbarten Festland verbanden. Als diese Brücken schließlich endgültig überspült wurden, saßen die Emigranten auf einer gebirgigen Insel fest. Sie mussten zwar keine Feinde fürchten, aber die Gebiete mit stehendem Wasser und Marschland schrumpften stetig. Sie mussten sich also anpassen, um nicht unterzugehen.

Kleinwüchsigkeit war die Lösung. Da sie nicht von Räubern bedroht waren, brauchten sie nicht so groß zu sein, und auf diese Weise reichte auch das Nahrungsangebot länger aus. Bis sie auf die ersten Fleischfresser in Gestalt von Steinzeitmenschen stießen, hatten sie vergessen, wie man flüchtet ... Nach genauer Untersuchung der Knochen kamen die Wissenschaftler zu dem Ergebnis, dass diese zwergwüchsigen Flusspferde klettern konnten. Wie es scheint, sind wir hier nicht weit vom Reich der Zentauren und Einhörner entfernt.

Vor der Rückfahrt nach Chania auf der Westseite der Halbinsel machten wir noch zwei Abstecher: einen nach Stavros, einem der schönsten Strände Kretas, und einen zu den Venizelos-Gräbern, den steinernen letzten Ruhestätten von Eleutherios Venizelos und seinem Sohn Sophokles. Venizelos ist Kretas berühmtester Sohn, den viele wegen seiner Mitwirkung an der Befreiung Griechenlands von der türkischen Besatzung und der Landerweiterung Anfang des 20. Jahrhunderts für den größten griechischen Staatsmann der Moderne halten.

Die Gräber sind schlicht, unprätentiös, ohne Gepränge. Von der Anhöhe aus hat man einen großartigen Blick auf Chania und die ausgedehnte Bucht dahinter bis hin zur Spitze der Halbinsel Rodopos. Aber die Gräber befinden sich hier nicht allein wegen der Aussicht, so schön diese auch sein mag. Wieder einmal vermischen sich auf eine für Kreta anscheinend typische Weise Geschichte und Legende: Genau an dieser Stelle nämlich hatte Venizelos, der 1897 einen Aufstand gegen die türkische Herrschaft anführte, die Fahne des vereinten Griechenland gehisst und sich damit den europäischen Mächten widersetzt, die der Vereinigung Kretas mit Griechenland damals noch nicht zugestimmt hatten. Der Fahnenmast wurde von einer Granate zerschmettert, die eines der Schiffe in der Bucht abgefeuert hatte, aber die kretischen Rebellen hoben die Fahne auf und ließen sie, dem feindlichen Feuer zum Trotz, weiterwehen. Dies soll die Marinesoldaten so beeindruckt haben, dass sie applaudierten und das Feuer einstellten. Es wird auch erzählt – und auf Teilen der Insel bis heute geglaubt –, dass eine russische Granate das Dach der Kirche des Propheten Elias durchschlagen und diese blasphemische Tat eine Strafe Gottes nach sich gezogen habe: Am nächsten Tag explodierte das Schiff ohne ersichtlichen Grund ...

## 2

# *Alt ist neu in Chania*

Chania ist der beste Ausgangspunkt, wenn man zum ersten Mal nach Kreta kommt. Es liegt günstig, um den Westen der Insel zu erkunden. Das ist die am wenigsten überlaufene Region, weil die Strände an der Küste nicht so groß sind, dass es sich lohnen würde, sie für den Tourismus zu erschließen. Entschädigt wird man mit einer gewissen Abgeschiedenheit und Zeitlosigkeit, man fährt durch noch ursprüngliche Dörfer, erforscht verlassene Höhlen und hat dabei ständig einen spektakulären Blick auf die Weißen Berge, die imposanteste Bergkette der Insel, mit mehreren bis zu 2600 Meter hohen und von Dezember bis Juni schneebedeckten Gipfeln.

Die Altstadt und der Hafen von Chania ziehen einen ganz in ihren Bann. Im Gewirr der engen Sträßchen lauern überall Entdeckungen und Überraschungen. Das Ganze ist ein vielschichtiges Gefüge aus Teilen, die bis zur Unkenntlichkeit verändert wurden, anderen, die nur abgewandelt wurden, und solchen, die seit dem frühen 13. Jahrhundert unangetastet geblieben sind. Damals nahmen die Venezianer den Genuesen die Stadt ab, änderten ihren Namen Kydonia in La Canea und gingen daran, für ihre Adligen

Der venzeianische Hafen in Chania

jene hochherrschaftlichen Häuser zu erbauen, die den Hafen säumen, und die gewaltigen Festungsanlagen zu errichten, die ihnen als Bollwerk für die Verteidigung ihrer Seemacht dienten, die sich noch fast fünf Jahrhunderte lang behaupten sollte. Im Bauen von Festungsmauern waren die Venezianer wahre Meister. Zeugnisse dafür sieht man überall auf der Insel, und überall prangt der Löwe von San Marco, in Bögen und Stürze eingemeißelt, wie ein Markenzeichen. Die massiven Mauern, die zur Verteidigung des Hafens von Chania errichtet wurden, stehen heute noch, ebenso viele der Herrenhäuser, inzwischen oft baufällig geworden und teilweise eingestürzt oder umgewandelt in Wohnungen, Banken und Hotels. Während unseres Aufenthalts in Chania wohnten wir in einem solchen Hotel, der Casa Delfino, einem geschmackvoll umgebauten ehemaligen Palazzo. Sein gepflasterter Innenhof, in dem wir frühstückten, ist ebenso erhalten geblieben wie die Steintreppen und die eleganten Bogenfenster.

Wenn man an einem Sommerabend mit Blick aufs offene Meer am alten Hafen steht und die Sonne im Westen hinter der kahlen Landzunge versinkt, sieht man, was schon die ersten Einwohner dieser uralten Stadt gesehen haben: dieselben Bronze-, Rot- und Goldtöne, die auf dem geschützten Wasser spielen, dieselben flüchtigen, zuckenden Spiegelbilder, dieselbe samtene Beschaffenheit des Himmels im schwindenden Licht. In gewisser Weise ist Kreta ein hartes, unbeugsames Land, doch die sommerlichen Nachthimmel sind in weiches Indigo getaucht.

Farben und Lichteffekte mögen der Zeit getrotzt haben, die Materialien jedoch nicht. Heute besteht die Kuppel der Janitscharen-Moschee aus Beton, aber noch immer beeindruckt das geduckte Bauwerk am Wasser mit seiner Vielzahl kleinerer Kuppeln und seinem im Licht der Hafenlaternen warmen, hellen Beigeton. Das Symbol der Eroberung durch die Türken blickt hinüber zu den Gebäuden seiner Vorgänger und Rivalen um die Herrschaft, zu den schmalen Bogenfenstern und eleganten Balkonen der Häuser, die die besiegten Venezianer zurückgelassen haben.

Im Großen und Ganzen haben die Venezianer dieser Stadt deutlicher ihren Stempel aufgedrückt als die Türken, doch zu ihrer Zeit waren die Janitscharen, jene berüchtigten Elitetruppen aus der Blütezeit des Osmanischen Reiches, gefürchtet; in den Annalen der Militärgeschichte findet man nicht ihresgleichen. Zusammengestellt wurde das Elitekorps im 14. Jahrhundert aus christlichen Sklavenkindern, die zum Islam konvertieren und Keuschheit geloben mussten, ehe sie dann zu blindem Gehorsam gegenüber ihren Befehlshabern und dem herrschenden Sultan erzogen wurden. Als das Osmanische Reich später an Macht einbüßte, wurden die strengen Regeln gelockert, die Janitscharen durften heiraten, und ihre Kinder genossen das Privileg, ebenfalls in dieser Elitetruppe dienen zu dürfen, der am besten genährten und besoldeten des ganzen Heeres. Ab Ende des 17. Jahrhunderts wurden dann keine christlichen Knaben mehr rekrutiert, und zu Beginn des 19. Jahrhunderts erkannten die Janitscharen keinen Befehlshaber mehr an, agierten völlig eigenständig, wurden zu einer wahren Landplage und zu einer Gefahr für ihre Herrscher. Traditionsgemäß versammelten sie sich um ihre Kochkessel, wenn sie beratschlagten. Kippten sie diese um, war dies das Zeichen für Rebellion – dafür, dass sie vom Sultan kein Essen mehr annehmen wollten. Berüchtigt sind die Grausamkeiten, die sie an der kretischen Bevölkerung verübten – die, wie immer, gegen das fremde Joch aufbegehrte –, und wahrscheinlich haben sie

Straße in Chania

nirgends im griechischen Besatzungsgebiet schlimmer gewütet. 1826 schließlich wurden sie von regulären türkischen Truppen unter dem Kommando des gefürchteten Ibrahim Agha zerschlagen, der den Beinamen Kara Jehennem, »Schwarze Hölle«, trug.

Ihre Moschee in Chania wird heute für Ausstellungen aller Art genutzt. Von dort bis zur Angelou-Straße reiht sich am alten Hafen ein Restaurant an das andere, und vor jedem steht ein Mann, der Kunden anzulocken versucht. Wer also in den Sommermonaten diesen Rundgang macht, erhält eine Einführung in den Erfindungsreichtum und die tief verwurzelte Fähigkeit zur Selbstdarstellung des Menschen im Allgemeinen und des Kreters im Besonderen. Denn die Männer vor diesen Restaurants, ob jung oder alt, stämmig oder schlank, attraktiv oder eher unscheinbar, wollen alle dasselbe: dass Sie sich an einen ihrer Tische setzen und die Speisekarte zur Hand nehmen. Und dafür wenden sie je nach Temperament unterschiedliche Kniffe an. Einer täuscht Ernst, ja sogar ein bisschen Distanz vor. Er will Ihnen gar nicht erzählen, wie gut das Lokal ist, nur dass es bereits seit 1961 existiert – eine Tatsache, die auch das große Schild über der Tür verkündet. Offenbar sind 40 Jahre eine lange Zeit für ein Restaurant in dieser Stadt, die bereits seit Jahrtausenden besteht. Ein anderer preist sein Lokal laut und unverblümt an wie ein Marktschreier. Wieder ein anderer bringt eine nachdenkliche Note ins Spiel: Früher oder später, heute oder morgen, werden Sie unweigerlich der Versuchung erliegen. Der Nächste wird vertraulich, redet mit Ihnen von Mann zu Mann: Ich will Ihnen mal etwas über das Lokal hier verraten, was Sie vielleicht noch nicht wissen ... Und dann gibt es noch den Mann der Tat: Er stellt sich Ihnen in den Weg und drückt Ihnen die Speisekarte in die Hand.

Wie die Griechen auf dem Festland, so sind auch die Kreter geborene Verkäufer. Sie sorgen dafür, dass die Wahl eines Restaurants einem Einkaufsbummel in einem riesigen Basar gleicht. Und es ist tatsächlich eine Art Basar, auch wenn inmitten von so viel Überfluss eine seltsame Gleichförmigkeit herrscht. Kretisches Restaurantessen kann sehr schmackhaft sein, und die Portionen sind reichlich bemessen, aber bei den Hauptspeisen gibt es – im Unterschied zu den schillernden Lockvögeln vor der Tür – kaum eine Auswahl. Brassen oder Seebarben vom Grill oder aus dem Ofen, geschmortes oder gegrilltes Lammfleisch – das sind die traditionellen Gerichte. Je nach Restaurant findet man eventuell etwas Abwechslung bei den Vorspeisen, den *mezedes*, die oft ganz ausgezeichnet schmecken. Dabei handelt es sich typischerweise um kleine, scharf gewürzte Hackfleischbällchen und Wurst, dreieckige Käse- oder Spinattaschen, mit Reis und Pinienkernen gefüllte Weinblätter, *tsatsiki* (Knoblauchjogurt mit geraspelter Gurke) und Tellerchen mit Kichererbsenmus oder weißen Bohnen in Zitronensaft. Zum Gefühl des Überflusses wie in einem Basar oder einer Schatzkammer trägt noch bei, dass alle diese Kleinigkeiten, auch wenn die Portionen noch so winzig sind, auf den großen Tafeln vor den Restaurants einzeln aufgelistet sind, als wären es Hauptspeisen. Geht man dann hinein, liegen vermutlich alle auf einem einzigen Tablett.

Manche Lokale, beileibe nicht alle, bieten kretische Spezialitäten an, die nach allen Regeln der Kunst zubereitet werden: eine mit Zwiebeln und Zitrone gewürzte Fischsuppe namens *kakavia*; *horta*, eine raffinierte Mischung aus teils bitteren, teils süßen Wildkräutern, die in den Bergen gesammelt, gekocht und dann kalt mit Olivenöl und Essig serviert werden. Das klingt vielleicht schlicht, ist es aber nicht. Wenn die Geschmacksnoten harmonieren, ist dieses Gericht ein Gedicht.

Ein weiterer guter Grund, Chania als Ausgangspunkt zu wählen, ist die erhebliche Entfernung zu den grandiosen minoischen Palastanlagen im Zentrum der Insel, den Überresten einer einzigartigen, atemberaubenden Zivilisation, die ihre Blüte etwa um 1500 v. Chr. erlebte. Ganze Heerscharen kommen ihretwegen nach Kreta.

Allerdings spricht einiges dafür, sich ihnen vom Rand her zu nähern und mit den bescheideneren Zeugnissen der Antike zu beginnen, die hier ausgegraben wurden. Schließlich haben auch in minoischer Zeit die meisten Menschen nicht in Palästen gelebt.

Derzeit werden in Chania, im Stadtteil Kastelli über dem Ostteil des Hafens, zwei minoische Stätten ausgegraben, die nur einen Steinwurf voneinander entfernt an der Kanevaro-Straße liegen. Vermutlich befand sich hier auf dem Gelände des ältesten Stadtviertels einst das antike Kydonia. Unter diesem Namen kannten die Byzantiner die Stadt in frühchristlicher Zeit.

Wenn man sich die kargen Spuren ansieht, die zwar kaum aus dem Boden ragen, aber eine Ordnung offenbaren, die nicht zufällig sein kann und unverkennbar menschliche Planung verrät, verstummt man, wie meist angesichts der Trostlosigkeit zerstörter Behausungen. Die Menschen, die hier gelebt haben, gehörten in der Bronzezeit einer Gesellschaft an, die jeder anderen vor ihr weit überlegen war – und tausend Jahre lang auch allen danach. Ihre Epoche wird von den Archäologen als Jüngere Palastzeit bezeichnet. Damals erlebte die minoische Zivilisation ihre Blütezeit, die Paläste von Knossos und Festos wurden nach einem katastrophalen Erdbeben, dessen massive Zerstörungen für eine weniger vitale Gesellschaft das Ende bedeutet hätten, wieder aufgebaut. Der Schmuck, den die Wohlhabenden damals trugen, die Stoffe und die Keramikgegenstände in ihren Häusern sind, was ihre handwerkliche Qualität und Schönheit angeht, bis heute unübertroffen. Die Minoer waren keine

Griechen und sprachen auch nicht Griechisch. Wie sie sich selbst nannten, wissen wir nicht. Wir haben die Bezeichnung von Sir Arthur Evans übernommen, dem berühmten Archäologen, der dieses Volk nach seinem legendären König Minos benannte. Evans war der Erste, der in Kreta umfassende Ausgrabungen durchführte. Mit anderen zusammen arbeitete er zu Beginn des 20. Jahrhunderts an verschiedenen, über die Insel verstreuten Stätten und legte eine ganze Zivilisation frei, die jahrtausendelang niemand unter der Erde und dem Schutt vermutet hatte. Neben Schliemanns Ausgrabung des antiken Troja kurz zuvor war dies eine der größten Unternehmungen in der Geschichte der Archäologie.

Die Gebäude, deren Ruinen wir durch den Zaun an der Kanevaro-Straße erspähen, wurden zweimal vom Feuer zerstört – vielleicht sogar öfter. Gut möglich, dass es einen langen Zeitraum gegeben hat, in dem sich Zerstörung und Wiederaufbau abwechselten. Die erste uns bekannte Katastrophe ereignete sich um 1450 v. Chr., als dieser Teil der Stadt bei einer großen Feuersbrunst mit unbekannter Ursache in Flammen aufging. Minoische Stätten überall auf der Insel weisen Zeichen gewaltsamer Zerstörung und Brandspuren aus dieser Zeit auf. Eine Naturkatastrophe oder das Werk von Invasoren? Oder beides? Die Debatte darüber hält an.

Ein augenfälliger Beweis dafür, dass das Feuer ohne Vorwarnung ausbrach, ist ein großes Gefäß mit verkohlten Erbsen. Auch ein versengter, doch noch als solcher erkennbarer Webstuhl wurde gefunden, was einem die friedliche Häuslichkeit der hier lebenden Bevölkerung vor

Augen führt, deren Häuser schon bald den Flammen zum Opfer fallen sollten. Im Lauf der Zeit kehrten die Menschen von ihren Zufluchtsorten zurück, beharrlich, wie wir es auch heute noch bei Flut- und Erdbebenopfern erleben, die an die vertrauten Orte zurückkehren, um sie unter großen Mühen wieder aufzubauen und ihr früheres Leben aufzunehmen, auch wenn es freilich nie wieder so sein wird wie zuvor.

Drei Jahrhunderte später wurden diese Häuser erneut durch ein Feuer zerstört, wahrscheinlich von griechischen Eroberern aus dem Balkan gelegt, die mit Eisenwaffen ausgerüstet waren. Diesmal kehrten die Menschen offenbar nicht zurück, zumindest gab es keinen Wiederaufbau. Sofern überhaupt welche zurückgekommen sind, haben sie in den Ruinen gelebt. Aber so vernichtend das Feuer gewesen sein muss, es war auch von unvorhersehbarem, erstaunlichem Nutzen. Denn hier in diesem Gelände fand man, vom Feuer gebrannt und somit zufällig konserviert, Tontafeln mit einer Schrift, die später als Linear A bezeichnet wurde und bei der es sich um Piktogramme von verschiedenen pflanzlichen und tierischen Produkten handelt. Trotz eifriger Bemühungen konnte diese Silbenschrift bis heute nicht vollständig entziffert werden, aber sie verweist auf ein Buchhaltungssystem, das allem Vergleichbaren im Mittelmeerraum jener Zeit weit überlegen war.

Es folgte die sensationelle Entdeckung von Tafeln späteren Datums mit einer anderen Schrift, der so genannten Linear B. Nach langjährigen Bemühungen von Gelehrten wie Michael Ventris und John Chadwick wurde diese Anfang der 50er-Jahre entziffert, und man konnte nachweisen, dass es sich um eine Frühform des Griechischen handelt. Damit ließ sich die Anwesenheit von Mykenern, der damals auf dem Festland herrschenden Macht, auf Kreta belegen. Bisher hat man an keiner anderen Stätte Vorkommnisse dieser beiden Schriften entdeckt. Was sonst noch im Hügel von Kastelli ruht, kann nur vermutet werden, denn der größte Teil der antiken Stadt Kydonia wurde bisher noch nicht ausgegraben – und dabei bleibt es vielleicht auch.

Aber diese Schriften, auf die man ganz zufällig gestoßen ist, haben sowohl symbolischen als auch historischen Wert. Durch das dunkle Gewebe aus Gewalt und Zerstörung, zu dem menschliches Tun und göttliches Wirken gleichermaßen beigetragen haben, ziehen sich hellere Fäden; darunter, vielleicht sogar an erster Stelle, die menschliche Sprache und die Schrift. Der Wunsch nach Kommunikation ist der Wunsch zu retten, vor Zerstörung zu bewahren. Dieses Paradoxon durchzieht unsere Geschichte von jeher, und die geschwärzten Überreste bieten dafür ein anschauliches Beispiel. Unsere Zeit ist genauso barbarisch oder sogar noch schlimmer – ganz gewiss barbarischer, wenn das Kriterium dafür das Ausmaß der möglichen Zerstörungen ist. Und so kann man nur hoffen, dass die Archäologen der Zukunft in den Ruinen unserer Gesellschaft ebenfalls einmal einen Beweis für diesen rettenden Wunsch nach Verständnis für unsere Mitmenschen finden werden.

Die Kanevaro ist eine ganz gewöhnliche Straße, in der es ganz alltäglich zugeht. Es gibt ein paar Geschäfte, eine Bar, eine Werkstatt, Passanten – und einen eingezäunten

Bereich, in dem andere Menschen vor dreieinhalbtausend Jahren ihr ganz normales Leben geführt haben. Ein solches Nebeneinander ist überall auf der Insel zu beobachten. Und in Chania, das schon sehr lange von Menschen bewohnt wird, springt es einem an jeder Straßenecke ins Auge.

In Kastelli, nicht weit von den Zeugnissen minoischer Kultur entfernt, steht eine Klosterruine. Hoch über den eingefallenen Kreuzgangbögen und dem Schutt des alten Gotteshauses, in dem einst byzantinische Priester ihre Liturgien lasen, hängt ein riesiges Plakat: ZIMMER MIT BAD UND MEERESBLICK ZU VERMIETEN. Einen unwirklich anmutenden Augenblick lang scheint ein kretischer Unternehmer hier im ehrwürdigen Gewölbe der Vorhalle und inmitten von unkrautüberwuchertem Ödland eine Unterkunft anzubieten. Meeresblick hätte man garantiert, und Platz gäbe es genug, wenn auch nicht überdacht. Die Badezimmerfrage wäre das größere Problem. Doch beim Näherkommen stellt man fest, dass in die noch stehenden Mauern ein Haus hineingebaut wurde, eine geschickte Kombination aus alten Steinen, neuen Ziegeln und Mörtel. Die Pension Monastiraki ist zweifellos eine ganz besondere Herberge. Jahrhundertelang waren die Menschen auf dieser Insel die Ärmsten der Armen. Nun hat sich für einige von ihnen die Vergangenheit, vom Midasfinger des Tourismus berührt, in Gold verwandelt.

Auch in den Straßen- und Restaurantnamen begegnet einem unweigerlich die Vergangenheit, allerdings in Gestalt des mythischen Zeitalters. Dort drüben steht die

Talus-Bar, benannt nach dem Bronzeriesen, den Zeus der Europa schenkte, auf dass er ihr Eiland Kreta bewache. Er soll der letzte Überlebende eines dritten Menschengeschlechts – nach dem goldenen und dem silbernen – gewesen sein. Diese Bronzemenschen waren eine grausame Spezies, die sich selbst in endlosen Kriegen aufrieb. Talus bewachte die Steilküste von Kreta und warf riesige Felsbrocken auf jeden Eindringling, dessen er ansichtig wurde. Am Leben erhielt ihn eine einzige Ader, die am Knöchel mit einer Bronzenadel verschlossen war. Letztlich betrog ihn die Hexe Medea, die ihm Unsterblichkeit versprach und dem Gutgläubigen die Nadel herauszog ...

Dann gibt es natürlich eine Minos-Straße. Der legendäre König von Kreta ließ das Labyrinth von Knossos als Heimstatt für den Minotaurus erbauen, den widernatürlichen Spross einer Vereinigung der Königin mit einem Stier. Wie schon der Name sagt, war der Minotaurus halb Königssohn, halb Stier. Da er sich von Menschenfleisch ernährte, musste Athen seinen Tribut Jahr für Jahr in Form von Knaben und Mädchen entrichten, die ihm geopfert wurden.

Nicht weit davon entfernt verläuft die Ikarus-Straße. Ikarus war der Sohn des großen Baumeisters Dädalus, der dieses Labyrinth erbaut hat. Vater und Sohn wurden von König Minos auf der Insel gefangen gehalten, und so fertigte Dädalus Flügel aus Wachs und Federn für sie beide an, mit denen sie die abenteuerliche Flucht wagten. Allerdings vergaß Ikarus die Warnung seines Vaters, der Sonne nicht zu nahe zu kommen. Das Wachs schmolz, und der junge Mann stürzte vor der Insel Samos ins Meer.

Die kretischen Mythen gehören zu den ältesten, die wir kennen. Sie zeichnen sich durch große Tragik aus und heben sich mit ihrer Düsterkeit und ihrem Glanz deutlich von den anderen recht vielschichtigen und verästelten Sagen der Griechen ab. Diese Geschichten haben die Bilderwelt des Westens geprägt.

Und meine Bilderwelt haben sie eindeutig schon in jungen Jahren geprägt. Das erste Buch, an das ich mich erinnern kann – mein erstes richtiges Buch –, hieß *Geschichten vom Olymp* und war eine Sammlung griechischer Sagen, illustriert mit wunderschönen farbigen Bildtafeln, wie ich fand. Ich muss damals etwa vier Jahre alt gewesen sein und war wohl eher in der Lage, die Bilder zu bewundern, als die Geschichten zu lesen. Natürlich hatte man die Sagen abgemildert und in eine Sprache gebracht, die man für kindgerecht hielt – vielleicht sind die Kleinen heutzutage ja härter im Nehmen. Mord und Betrug, in griechischen Mythen die vorherrschenden Themen, waren umgedichtet worden. Aber die Persönlichkeiten der Götter und Göttinnen und ihr Umgang mit den Menschen kamen in ihrer ganzen Dramatik zum Ausdruck und haben mich seitdem nicht mehr losgelassen.

Auf dieser Reise war ich für mythologische Assoziationen besonders empfänglich. Ich weiß noch, dass ich jeden Namen mit einem Ausruf quittierte und mich dann in ausführlichen Erklärungen erging, was auf Aira ein bisschen überspannt gewirkt haben dürfte, obwohl sie kein Wort darüber verlor. Kurz vor der Abreise hatte ich die letzten Passagen eines Romans geschrieben, der am Vorabend des Trojanischen Krieges in Griechenland spielt, und um die Weltsicht der damaligen Menschen nachvollziehen zu können, hatte ich mir eine Menge Hintergrundwissen angeeignet: Ich hatte Homer, die griechischen Tragödien und Abhandlungen über prähistorische Religionen und Mythologie gelesen. Mein Kopf war noch voll davon. Jetzt, drei Monate später, habe ich vieles schon wieder vergessen, denn ich bin in Gedanken bei einem neuen Roman, der in einer völlig anderen Epoche angesiedelt ist. Das Ganze lässt sich mit dem Büffeln für ein Examen vergleichen. Eine Zeit lang weiß man alles, man ist ein wandelndes Lexikon und langweilt Freunde und Fremde gleichermaßen mit unerwünschten Informationen. Dann verflüchtigt sich das Wissen langsam wieder – zum Glück. So war ich in meinem Leben bereits Experte für Segelschiffe im 18. Jahrhundert, für das Drama im Mittelalter und die Laufbahn von Horatio Nelson, um nur ein paar Gebiete zu nennen.

Doch weil Kreta unseren Sinn für die Vergangenheit schärft, weil unsere Assoziationen so flüchtig, ja fast unbewusst sind und weil die Insel so schroff und abweisend ist, kann man sich bei dem Anblick, den sie heute bietet, mithilfe der Fantasie in ferne Zeiten zurückversetzen. Das Hafenbecken in Chania, das abnehmende Licht, eine Gruppe hiesiger Fußballfans in rot-weiß gestreiften Hemden, einige mit einer Art Narrenkappe und Glöckchen in denselben Farben, die ein riesiges rotes Transparent mit dem Logo und dem Namen des Clubs hoch halten. Sie versammeln sich um das Transparent, fassen es an den Ecken und legen es auf den Boden. Dazu wiegen sie sich vor und zurück und rufen in einstimmiger Ergebenheit immer wieder denselben Namen, heben dann alle gemeinsam wie auf Kommando die Arme über den Kopf. Was sie dabei rufen, ist nicht zu verstehen. Den Namen eines Fußballstars oder den eines Gottes? Dann werfen sie Leuchtkugeln, die zischend auf der Wasseroberfläche landen. Von einer lautlosen Rauchbombe dazwischen steigen dicke Schwaden auf, verwirbeln aschgrau-rosa im Hafenlicht. Der Singsang hält an, auch die rhythmisch vor und zurück schwingenden Bewegungen der Körper, und eine Weile befinden wir uns in Gegenwart eines Geistes aus einer Zeit vor den Griechen, den Venezianern und den Türken, so alt wie die ersten Siedlungen hier, als ein primitives und verängstigtes Volk eifersüchtige Gottheiten zu besänftigen suchte.

Manchmal ist der Zusammenprall der Epochen kurioser, eher wie ein Witz hinter vorgehaltener Hand. Vor einem Laden in der Halidon-Straße in Chania steht eine Gipskopie der *Bocca della Verità*, des Mundes, der die Wahrheit spricht – eine Steinscheibe, in die das Gesicht einer römischen Flussgottheit gemeißelt ist und die im Säulengang der Kirche Santa Maria in Cosmedin in Rom in eine Wand eingelassen ist. Die Römer verwendeten solche Scheiben als Kanaldeckel oder regulierten damit die Wasserversorgung der Stadt, und diese eine wurde geborgen und wahrscheinlich irgendwann im Spätmittelalter in die Kirchenmauer eingesetzt. Daraus entstand ein populärer Aberglaube, der von den Behörden zweifellos gefördert wurde, denn er erleichterte den Ordnungshütern ihre Aufgabe. Der Legende zufolge musste jeder, der der Ketzerei oder der Verschwörung verdächtigt

Die *Bocca della Verità*

wurde, seine Hand in den steinernen Mund legen. War er unschuldig, passierte nichts. War er aber schuldig, wurde ihm die Hand abgebissen. Es handelte sich also um einen mittelalterlichen Lügendetektor.

Sein Abklatsch in einer belebten Straße in Chania ist so fehl am Platz, dass er fast komisch wirkt. Um Anklänge an die ferne Antike heraufzubeschwören, bedienen sich die Kreter eines Bildes aus einer Zeit, die längst nicht so weit zurückliegt, wie ihre eigene Vergangenheit reicht: des Orakels. Mit seiner üppigen Lockenpracht und dem voluminösen Bart – beides symbolisiert das Fließen des Wassers –, verblüffter Miene und erstaunt aufgerissenem Mund beobachtet dieser unbedeutende Gott zwischen einer Pizzeria und einer Autovermietung Menschen und Verkehr. Über seinem Kopf befindet sich ein Einwurfschlitz für Münzen, darüber steht »HAND ANALYSER«, Handleser. Hin und wieder bleibt jemand stehen, wirft einen Euro hinein, drückt den Knopf für die gewünschte Sprache und legt die Hand mit der Handfläche nach oben in den Mund. Der Flussgott druckt daraufhin eine Persönlichkeitsanalyse aus. Orakel im Zeitalter des Computers. Aber die Weissagung beinhaltet garantiert nichts Beunruhigendes oder Verstörendes. Und auch wenn die Menschen sie belächeln, glauben sie in gewisser Weise vielleicht doch daran; jedenfalls klimpern die Euros. Selbst bei solch standardisierten Interpretationen unserer Persönlichkeit halten wir gern an unserer Einzigartigkeit fest.

Mehr als irgendwo sonst sind die einzelnen Schichten der Vergangenheit im Archäologischen Museum in derselben Straße freigelegt. Natürlich hat jedes Museum diese Wirkung – schließlich besteht genau darin seine Funktion. Aber diese spezielle Sammlung ist in einem Gebäude untergebracht, das selbst schon beredt Zeugnis für die Verschmelzung von Geschichte und Gegenwart ablegt. Ursprünglich war dies die von den Venezianern erbaute San-Francesco-Kirche, einer der beeindruckendsten Sakralbauten auf der Insel. Inzwischen ist sie säkularisiert und hat ihren hoch aufragenden Glockenturm eingebüßt, der in früherer Zeit die Macht der Kirche verkörperte.

Die Bronzefigurinen und Terrakotta-Sarkophage, die Skulpturen aus hellenistischer und römischer Zeit und die minoischen Keramiken sind in den Seitenkapellen und längs des Mittelschiffs ausgestellt. Wo in dieser katholischen Kirche einst der Altar stand und die Eucharistie gefeiert wurde, zeigen römische Fußbodenmosaike die heidnische Liebe zwischen Dionysos und Ariadne.

Auch Ariadne hat ihren festen Platz in der kretischen Sagenwelt. Als der Held Theseus mit den Jünglingen und Jungfrauen auf die Insel kam, die das eroberte Athen als Tribut opfern musste, damit sie dem Minotaurus zum Fraß vorgeworfen werden konnten, verliebte sich die Tochter des Minos in ihn. Nachdem Theseus das Ungeheuer, das in den Tiefen des Labyrinths hauste, getötet hatte, fand er den Ausgang nur dank des Fadenknäuels wieder, das Ariadne ihm mit dem Rat geschenkt hatte, das Ende am Eingang festzuknoten. Wie versprochen, nahm Theseus die Tochter des Königs mit, ließ sie aber auf der ägäischen Insel Naxos zurück, wo der Gott Bacchus – oder Dionysos, wie die Griechen ihn nannten – sie tränenüberströmt entdeckte. Sie wurde seine Gemahlin, und nach ihrem Tod setzte er sie als das Sternenbild Corona Borealis an den Himmel.

Der Minotaurus war halb Mensch, halb Stier, ein merkwürdiger Zwitter. Viel wissen wir über den alten kretischen Stierkult allerdings bis heute nicht. Die vielen im Museum ausgestellten Tonfiguren in Stiergestalt geben nach wie vor Rätsel auf. Niemand weiß, was es mit diesen kleinen, grob gearbeiteten Figürchen auf sich hat, die in der Umgebung in großer Zahl ausgegraben wurden. Vielleicht waren es Opfergaben für Poseidon, den Gott der Fruchtbarkeit und Manneskraft? Auf alle Fälle billiger, als echte Stiere zu schlachten ...

Wir kommen zu einer Vitrine mit Funden aus dem Grab einer vornehmen Frau, die etwa 300 v. Chr. im Kindbett gestorben ist: einzelne Goldfäden, die von ihrem Grabgewand stammen, Halsketten für das Leben im Jenseits, die Goldmünze im Mund, der Lohn für den Fährmann Charon, damit er sie in die Unterwelt übersetzt. Diese Überreste eines zu Ende gegangenen Lebens beschwören dieselbe Traurigkeit herauf wie jenes Gefäß mit den verkohlten Erbsen in dem minoischen Haus, auch wenn zwischen beidem zehn Jahrhunderte liegen.

In den kleinen Innenhof dringen, ganz aus der Nähe, die Klänge einer Brahms-Symphonie. Ein altehrwürdiger Maulbeerbaum, wahrscheinlich während der osmanischen Besatzung gepflanzt, spendet seiner Umgebung Schatten; die Türken liebten Maulbeerbäume und pflanzten sie überall auf der Insel. Auch gibt es einen wunderschönen türkischen Brunnen mit Rinnen im Boden, die der rituellen Fußwaschung vor dem Betreten der Moschee dienten. Gegenüber ein Steinlöwe, ohne Gesicht und auch sonst vom Zahn der Zeit angenagt, aber noch mit Mähne und Hinterbacken, und darunter die entzifferbare Inschrift: EVANGELISTA MEUS.

Der Löwe von San Marco, Symbol der venezianischen Macht, die Waschrinnen der gläubigen Moslems und die romantische deutsche Musik gehen fließend ineinander über, Zeiten und Orte verschwimmen und rufen ein Gefühl hervor, das süchtig machen kann, wenn man länger auf dieser Insel weilt.

Geht man die Zambeliou-Straße parallel zum Hafen nach Westen, bekommt man ein Gespür für das Alter der Stadt. Am Ende der Moschon-Straße begrüßen einen die Überreste des Renieri-Tors – die Renieri waren eine der venezianischen Herrscherfamilien. Noch ist der Torbogen intakt, eine ganze Kultur, geprägt von Eleganz und Privatbesitz, ist in wenige gemeißelte Steinquader gefasst. Auf dem Sturz über dem Tor kann man noch das Wappen der Renieri erkennen. Nicht weit entfernt steht der Palazzo, der einst der Familie gehörte. Später befand er sich im Besitz eines türkischen Beamten, der den Hof von der Straße abtrennte und völlig abschirmte, um die Damen seines Harems vor den Blicken der Passanten zu schützen. Von der Kapelle, die Teil des ursprünglichen Palazzo war – heute die einzige erhaltene Familienkapelle in ganz Chania – steht, eingezwängt zwischen zwei Gebäuden, noch ein schmales Stück der Fassade mit Fensterrosette und gotischem Eingang. Der Innenhof des Palazzo, in dem einst die Renieri den Müßiggang pflegten und später eifersüchtig bewachte Haremsdamen lustwandelten, erlebte eine dritte Umwandlung. Dort befindet sich heute das exzellente Restaurant Sultana, in dem die Sterne über einem aufgehen, während man seinen Raki und *mezedes* genießt.

Beinahe hätten wir dieses Restaurant übersehen, was schade gewesen wäre. Da unser Hotel in der Nähe lag, kamen wir mehrmals am Tag daran vorbei, und jedes Mal versuchte uns der Besitzer hineinzulocken, doch es gab immer einen Grund, standhaft zu bleiben, bis unser Aufenthalt in Chania dem Ende zuging. An einem Ecktisch musizierten leise eine Sängerin und zwei Männer mit Busukis – fast als spielten sie für sich selbst und nicht als Touristenattraktion. Zuerst tief traurige kretische Volksweisen – zumindest klangen sie für unsere ungeschulten Ohren so. Doch dann gingen sie zu Liedern von Theodorakis über, die mir von meinem ersten Aufenthalt in Athen vor vierzig Jahren in Erinnerung waren. Man hörte sie damals überall, auf der Straße, in den Tavernen, aus Autoradios. Sie waren Ausdruck des allgemeinen Gefühls, viele davon mit politischen Aussagen, die deutlich links anzusiedeln waren. Als einige Jahre später das Militär in Griechenland putschte und das Land von einer Junta übernommen wurde, bestand eine der ersten Amtshandlungen darin, die Musik von Theodorakis zu verbieten. Für jeden, der wie ich in dieser Zeit nach Athen zurückkehrte, schien das Schweigen in den Straßen von Trauer zu künden. Und kaum war das Regime gestürzt, kehrten auch die Lieder wieder zurück. Lieder sind wie Sagen: Ob alt oder neu, sie lassen sich nur schwer unterdrücken.

3

## *Schluchten und Rebellen*

Chania kann einen süchtig machen mit seinem alten Hafen und dem Straßengewirr dahinter, mit seinem Licht, das sich ständig verändert, je nachdem, ob man sich aufs offene Wasser zu bewegt oder sich davon entfernt, und mit seiner geschichtsträchtigen Atmosphäre, die die Mauern hier ausstrahlen. In bedächtigem Müßiggang kann man hier viele Tage verbringen, die einander sehr ähnlich, aber doch niemals gleich sind. Und so empfindet man es fast als Schock, wenn man die Stadt mit ihren Cafés, Andenkenläden und Kiosken voll internationaler Zeitungen verlässt und feststellt, dass einen die herbe kretische Landschaft erwartet.

Nach zwei Stunden Fahrt auf einer mühsamen und Schwindel erregend kurvenreichen Straße nach Süden in die Weißen Berge gelangt man zur Samaria-Schlucht, die 1962 zum Nationalpark erklärt wurde. Mit ihren 18 Kilometern gehört sie zu den längsten Schluchten in Europa und ist die wohl spektakulärste auf Kreta – auch wenn darüber geteilte Meinung herrscht, denn hier gibt es mindestens 100 Schluchten, von denen jede ihre besonderen Merkmale und ihre Fans hat. Die meisten Touristen jedenfalls lockt die Samaria-Schlucht an. Viele tausend Menschen machen sich auf den Weg, um sie in ganzer Länge zu durchwandern, was sich nicht selten als Fehler erweist. Die Wanderung kann nämlich ausgesprochen strapaziös werden, weil der Weg an manchen Stellen sehr steil und der Untergrund steinig ist; außerdem führt ein großer Teil der Strecke durch die pralle Sonne. Knochenbrüche, Herzinfarkte und Zusammenbrüche sind hier keine Seltenheit.

Auf der Fahrt zur Schlucht kommt man durch das Dorf Alikianos im Herzen von Portokalachoria, der Region der »Orangendörfer«, wo die besten Orangen Kretas – und folglich, wie die Kreter behaupten würden, die besten der Welt – angebaut werden. Diese Dörfer liegen in den westlichen Gebirgsausläufern, wo die Berge sanfter abfallen und gleichsam ihre knochigen Finger in die Ebene von Chania ausstrecken. In die Täler zwischen diesen Fingern schmiegen sich, dicht gedrängt, die Orangenhaine – eine abgeschiedene, geheimnisvoll wirkende Welt aus dunklem Grün und schimmerndem Gold.

Doch wo immer man sich auf Kreta befindet, man ist nie weit von der turbulenten Vergangenheit der Insel entfernt. Hier bei Alikianos, inmitten dieser inzwischen so friedlichen Orangenhaine, soll das Massaker bei der Kandanoleon-Hochzeit stattgefunden haben. Der von Georgios Kandanoleon angeführte Aufstand gegen die Venezianer im Jahr 1527 gehört zu den großen Ereignissen in der Geschichte des kretischen Widerstands, ein idealer Nährboden für die Vermischung von Tatsachen mit Heldenlegenden. Kandanoleon, der sein Quartier in Meskla hatte, kontrollierte auf dem Höhepunkt seiner Macht den größten Teil Westkretas. Eines Tages und aus Gründen, die nie geklärt wurden, sprach er persönlich bei einem hohen venezianischen Statthalter namens Damolino vor und schlug eine Heirat zwischen seinem Sohn Petros und dessen Tochter vor. Auf den ersten Blick ein verrücktes Ansinnen angesichts der Arroganz der venezianischen Herrscher und ihrer Verachtung für den griechisch-orthodoxen Glauben, dem der Rebellenführer anhing. Doch der Vorschlag stieß anscheinend auf freudige Zustimmung, und die Hochzeit sollte im Haus von Damolino stattfinden. Kandanoleon ließ sich von mehreren Hundert Anhängern begleiten. Damolino seinerseits hatte fünfzig Gäste aus Chania eingeladen. Für das Festmahl wurden 100 Schafe und Ochsen geschlachtet. Der Venezianer bewirtete seine Gäste großzügig mit Wein, so dass sie bei Sonnenuntergang bereits ziemlich betrunken und entsprechend wehrlos waren. Plötzlich stieg eine Rakete in den Himmel – das Signal für eine aus Kavallerie und Infanterie bestehende venezianische Streitmacht, die sich in der Nähe versteckt gehalten hatte. Mittlerweile waren die Kreter zu berauscht, um sich verteidigen oder fliehen zu können. Sie wurden überwältigt und verbrachten den Rest der Nacht an Händen und Füßen gefesselt. Bei Tagesanbruch erhängte Damolino eigenhändig Kandanoleon und den Bräutigam. Wer einer einflussreichen Familie angehörte, wurde auf der Stelle getötet oder in Ketten als Galeerensklave verschleppt. Die übrigen Gefangenen ließ man in vier Gruppen in verschiedenen Regionen Westkretas hängen. Danach konnte ein gewisser Cavalli, der von

Venedig mit Sondervollmachten ausgestattet worden war, die Rebellion mit äußerster Brutalität niederschlagen. Eine seiner Maßnahmen bestand darin, jeden zu begnadigen, der den Machthabern in Chania als Zeichen seiner Unterwerfung den Kopf seines Vaters oder Bruders präsentierte.

Dies war der letzte Aufstand der Kreter in der langen Reihe von Revolten gegen die venezianische Herrschaft. Ob Kandanoleon nur seine eigene Macht hatte sichern wollen oder – eher idealistisch – das Leid seines Volkes zu beenden suchte, lässt sich heute wohl nicht mehr beantworten. Xan Fielding, dessen Schilderung des Massakers ich hier wiedergegeben habe, neigt dazu, Kandanoleons Handeln auf die *philodoxia* zurückzuführen, ein Wort, das sich nur schwer übersetzen lässt; es bezeichnet eine Eigenschaft, die zwischen Ehrgeiz und Aufgeblasenheit angesiedelt ist, das übertriebene Bedürfnis, eine gute Figur zu machen, was schon immer eine Schwäche der Griechen – und der Kreter – war.

Die Ruinen von Damolinos Haus stehen noch, längst verlassen und von Unkraut überwuchert. Das lateinische Motto auf dem Türsturz über dem Eingang kann man noch entziffern: *Omnia Mundi Fumus et Umbra* (Die ganze Welt ist Rauch und Schatten), ein Spruch, der sich im folgenden Jahrhundert im Hinblick auf die Träume der Venezianer von Eroberung und Herrschaft dramatisch bewahrheiten sollte.

Hinter Alikianos wendet sich die Straße zur Samaria-Schlucht nach Osten und schlängelt sich dann steil in die Berge hinauf. Eine überwältigende Landschaft mit

Die Samaria-Schlucht

jähen Abgründen und halsbrecherischen Kurven, die so spektakulär wie Furcht einflößend sind. Man kommt an dem Dorf Laki vorbei, einem Zusammenspiel von Weiß und Grün, von dem aus man in das Vrisi-Tal blickt. In Laki wurde Michaeli Yanneri geboren, ein weiterer berühmter kretischer Held und Rebell des 19. Jahrhunderts, der sich dem Kampf gegen die türkische Besatzung verschrieben hatte.

Etwas von der Wildheit jener Tage ist hier immer noch zu spüren. Der eigensinnige Geist, der es den einander ablösenden Invasoren so schwer gemacht hatte, diese Bergbewohner zu beherrschen, zeigt sich auch heute noch in ihrer Haltung gegenüber Vorschriften und Kontrollen. Die Verkehrsschilder müssen von Zeit zu Zeit ersetzt werden, weil sie als Zielscheiben benutzt wurden und daher völlig durchlöchert sind.

In dieser Gegend war das Dasein immer hart, und die Einwohner wachsen in dem Bewusstsein auf, dass es im Leben darum geht, sich seine Unabhängigkeit zu bewahren und durchzuhalten. Es sind Menschen mit starkem Charakter, bei denen großzügige Gastfreundschaft und unversöhnliche Rachsucht keinen Gegensatz bilden. Sie können die besten Freunde, aber auch die schlimmsten Feinde sein; eine Kränkung wird nie vergeben und nie vergessen – und die Lebensumstände in den Dörfern dieser abgelegenen Region haben immer zu Kränkungen geführt, echten oder eingebildeten. Streitereien um Weiderechte, Viehdiebstahl und Ehrverletzungen bei Frauen sind seit mehr als 1000 Jahren gang und gäbe. Nicht selten führt dies zu blutigen Auseinandersetzungen, die zu schlichten den Behörden nicht leicht fällt, erstens, weil man den Vertretern der Staatsmacht generell nicht über den Weg traut, und zweitens, weil die Angst vor Rache verhindert, dass die Menschen reden. Manche Fehden dieser Art werden über Generationen hinweg geführt und arteten in der Vergangenheit gelegentlich in regelrechte Schlachten aus. Manchmal wurden Dörfer vollständig aufgegeben, weil sich die Einwohner anderswo mehr Sicherheit erhofften. So etwas geschieht heute natürlich nicht mehr, aber Streitereien auf Leben und Tod werden nach wie vor ausgetragen. Ein solcher Zwist zwischen zwei Sfakia-Familien, der in den 40er-Jahren ausbrach, dauerte ein halbes Jahrhundert und forderte mindestens 150 Menschenleben, ehe wieder Frieden einkehrte.

Der letzte bewohnte Ort vor dem Eingang zur Schlucht und die letzte Möglichkeit für mehrere Stunden, etwas zu essen und zu trinken zu bekommen, ist das Dorf Omalos auf der Hochebene gleichen Namens. Eine verlassene Gegend in 1300 Meter Höhe über dem Meer, verschneit im Winter und im Frühjahr oft matschig, zumal wenn die Schneeschmelze frühzeitig einsetzt. Hier ist man im Herzen der Weißen Berge, umgeben von hohen Gipfeln.

Etwa eineinhalb Kilometer weiter am Rand der Hochebene endet die Straße, und vor uns tat sich die Schlucht auf. Die Sonne war gerade erst aufgegangen, Nebelschwaden hingen über dem Boden, und es war kalt. Wer vorhat, die Schlucht zu durchwandern, sollte am besten frühmorgens aufbrechen, um genügend Zeit für die Strecke zu haben. Das bedeutet, dass die Fahrt dorthin in der Dämmerung erfolgt, was für eher ängstliche Menschen ein

Segen ist, denn dann merkt man nicht so deutlich, wie gefährlich die Straße ist. Wenn die Welt draußen noch nicht klar zu erkennen ist und der Bus sich von einer Haarnadelkurve zur nächsten kämpft, erliegt man leicht dem Gefühl, allein mit einer kleinen, unternehmungslustigen Reisegruppe unterwegs zu sein. Als wir ankamen, mussten wir jedoch feststellen, dass mindestens schon ein Dutzend Busse vor uns eingetroffen waren, aus denen Wanderer kletterten, die sich in stetigem Strom an den Abstieg machten, ohne darauf zu warten, dass die Sonne ihr Vorhaben segnete. Eine der vielen Widersinnigkeiten des Massentourismus auf Kreta besteht darin, dass sich an diesem abgelegenen Ort, inmitten dieser einsamen, majestätischen Berge, während der Sommermonate allmorgendlich Hunderte von Menschen jeden Alters und höchst unterschiedlicher Konstitution zusammenfinden. Im Winter ist die Schlucht gesperrt, aber ab Mitte Mai treffen aus allen Himmelsrichtungen die Busse hier ein.

Wir wollten lieber auf die Sonne warten. Eigentlich ist es ein Weltwunder, wenn man hier auf dem letzten Fleck ebenen Bodens steht und erlebt, wie die Sonne durch den Frühnebel bricht, die Gipfel des Volakis im Süden ins Licht taucht und die steilen Hänge der verblüffenden Schlucht, die sich vor einem auftut, erglänzen lässt. Eine Weile standen wir nur da und staunten, wobei ich zu ignorieren versuchte, dass ich fror und Aira, die für stoische Anwandlungen keinen Sinn hat, unverhohlen zitterte. Dann lösten sich die letzten Nebelschwaden auf, und die Sonne brach durch – eindeutig eine südliche Sonne mit unmittelbar wohltuender Wärme, obwohl es noch so früh im Jahr und so früh am Morgen war. Als wäre dies eine Art Aufforderung, machten wir uns an den Abstieg in Tiefen, in die die Sonnenstrahlen erst in Stunden vordringen würden.

Erschreckend abrupt und scheinbar direkt vor unseren Füßen bricht das Gelände jäh ab und der Weg führt steil nach unten. Allein in der ersten Stunde steigt man 1000 Meter hinab. Zwei Millionen Jahre hat es gedauert, diese tiefe Kerbe in die Erde zu schneiden. Irgendwo in weiter Ferne ein leichtes Beben, ein Aufbäumen und Sichheben, als sich die tektonischen Platten bewegten und aneinander schabten – und die ersten Risse waren da. Dann der lange, unendlich langsame Prozess, in dem die Ränder auseinander gedrückt wurden, das saure Regenwasser, die wechselnden Temperaturen, durch die der Fels gesprengt und zerteilt wurde. Dann der Gebirgsfluss, der den Einschnitt fand und ihn immer tiefer aushöhlte.

Auf dem Weg den holprigen Steinpfad hinab zum Fluss, der im Sommer wenig Wasser führt, aber immer noch fließt und rauscht, vor uns das nackte Kalksteinmassiv des Volakis und im Osten der hoch aufragende Pachnes, gelangen wir aus der zerklüfteten Ödnis in ein sanfteres Klima, das mit der Wärme, der tieferen und somit geschützteren Lage und dem Vorhandensein von Wasser zusammenhängt. Man steigt also nicht in einen Höllenschlund hinab, sondern in eine Welt voller Vogelgezwitscher und Blumen. Ihre Bewohner reichen vom Buchfink bis zum Geier, von windgepeitschten Pinien, die sich mit ihren Wurzeln ins Felsgestein krallen, bis zu den üppig grünen kretischen Ahornbäumen mit ihrem anmutigen

Wuchs und den leuchtenden Blüten der Oleanderbüsche, die am Flussufer wachsen.

Kurz bevor der Hang flach ausläuft, steht eine kleine, dem heiligen Nikolas geweihte Kapelle; um sie herum gruppieren sich ein paar äußerst eindrucksvolle Zypressen. Die Zypresse ist der in den Gebirgswäldern im Westen der Insel am weitesten verbreitete Baum und wegen ihrer Robustheit, Zähigkeit und der erstaunlichen Formenvielfalt, mit der sie sich den sehr unterschiedlichen klimatischen Bedingungen auf der Insel angepasst hat, der kretische Baum schlechthin. Selbst dort, wo der Boden noch so trocken und ausgedörrt ist, kann sie in einer Felsspalte Wurzeln schlagen, sie hält dem peitschenden Wind und dem Druck des Eises stand und kann viele hundert Jahre alt werden. Noch in einer Höhe von über 1600 Metern wachsen an der Baumgrenze der Weißen Berge Zypressen. Sie wirken geduckt, werden kaum zwei Meter hoch und leben lang – manche sind 1000 Jahre alt. Die Zypressen rings um die Kapelle standen jedoch geschützt, bekamen Wasser und wurden riesengroß. Größere gibt es kaum in Europa. Wollte man ihren Stamm mit den Armen umschließen, bräuchte man dafür sechs Menschen. Einige von ihnen sind bis zu 50 Meter hoch. Um eine Vorstellung davon zu bekommen, halte man sich vor Augen, dass das Kolosseum in Rom nur ein paar Meter höher ist.

Der Pfad wird zum Flussbett hin immer flacher, was das Vorwärtskommen erleichtert. Jetzt hatten wir mehr Muße, die Wände der Schlucht genauer zu betrachten, die manchmal aussehen, als habe jemand mit einem gewaltigen Beil den Fels entzweigehauen. Die einzelnen Gesteinsschichten heben sich so präzise wie mit dem Lineal gezeichnet voneinander ab – Bänder aus grünem, purpurnem und grauem Kalkstein, die sich mit einer weißlichen, feuersteinartigen Schicht Kieselsäure abwechseln. Das hier sind etwa 100 Millionen Jahre geologischer Geschichte, gerechnet von der Zeit an, als die Kalksteinmasse, aus der einmal Kreta werden sollte, aus dem Meer geschleudert wurde.

Während der Wanderung erfasst einen gelegentlich so etwas wie Ehrfurcht vor den gewaltigen Ausmaßen der Schlucht, die dieser schmale, vor sich hinplätschernde, harmlos aussehende Fluss geschaffen hat. Zu dieser Jahreszeit kann man auf den aus dem Wasser ragenden Steinen trockenen Fußes von einem Ufer zum anderen wechseln. Ist es tatsächlich möglich, dass dieser Bach eine so mächtige Schlucht geschaffen hat? Kaum jemand erlebt ja, wie er im Winter wütet, wenn er zu einem reißenden Strom wird und zu einer Gefahr für jeden, der sich zwischen diese Felswände wagt.

Die Ehrfurcht – oder vielleicht sollte man lieber von intensivem Staunen sprechen – wird noch größer, wenn sich die steilen Wände der Schlucht kurz nach der Markierung für die halbe Wegstrecke an den so genannten *sideroportes*, den »eisernen Toren« einander annähern. Auf beiden Seiten ragen die Wände 500 Meter nahezu senkrecht auf und scheinen sich oben fast zu berühren, so dass die Sonne ausgesperrt wird. Am Boden beträgt der Abstand keine vier Meter. Im 19. Jahrhundert behaupteten einige Kreta-Reisende, deren Vorstellungskraft noch lebhafter war als die heutiger Touristen, sie hätten mit ausgestreckten Armen beide Wände gleichzeitig berühren können. Aber das ist wohl der eindrucksvollen Atmosphäre zuzuschreiben, denn dafür bräuchte man schon die Spannweite eines riesigen Gorillas, und selbst die dürfte dafür kaum ausreichen.

Doch angesichts der Menschenmassen vor und hinter uns verflüchtigt sich unser Staunen rasch. Aufschlussreich, aber auch ein wenig deprimierend ist die Art und Weise, wie viele unserer Mitwanderer an dieses einzigartige Erlebnis herangehen. Sie scheinen von Eile erfüllt zu sein. Ein gewisser Wettkampfgeist kommt ins Spiel, das tief verwurzelte Verlangen, als Erster am Ziel zu sein. Diejenigen, die mit einer Gruppe aufgebrochen sind, mühen sich, mit den anderen Schritt zu halten. Getrieben von dem Ehrgeiz, andere zu überholen, rutschen und schliddern manche Leute gefährlich über die losen Steine am Wegrand. Wo sich der Pfad verengt und es keinen Platz zum Überholen gibt, hört man dicht hinter sich deutlich das Schnaufen derjenigen, die ungeduldig darauf warten, endlich vorbeizukommen. Erstaunlich wenige Leute legen eine Pause ein, verlangsamen hin und wieder den Schritt, nehmen sich die Zeit, sich umzusehen. Dabei sind doch die Eindrücke, die man im Vorbeigehen bekommt, mit das Reizvollste: die mächtigen Bäume, die muschelähnlichen Felsen, der rauschende Fluss, der hohe Himmel, der allmählich mit steigender Sonne immer diesiger wird. Fast 400 Vogelarten wurden hier gezählt, darunter imposante Raubvögel wie Bartgeier und Steinadler. Mit viel Glück bekommt man einen kretischen Steinbock zu Gesicht, eine prächtige Art Wildziege, die vom Aussterben bedroht ist und deshalb unter dem Schutz des griechischen Staates steht. Eine so enorme Pflanzenvielfalt – von Orchideen über Glockenblumen, Schwertlilien und Felsenpflanzen bis hin zu Kräutern – gibt es nirgendwo sonst. Aber nein: Den Blick auf den Boden geheftet, stapfen die Leute voran und halten nur an, um sich in die Schlange vor den wenigen und bedauerlich unzulänglichen Klohäuschen einzureihen. Es geht darum, die Wanderung zu überstehen, sie geschafft zu haben, sie abzuhaken. Pläne, Ziele und Vorhaben, unser ausgeprägtes Leistungsdenken, wird die menschliche Spezies eines Tages zu Grunde richten.

Die Samaria-Schlucht ist die berühmteste Schlucht Kretas, deshalb diese Menschenmassen. Die vielen anderen Schluchten sind meist menschenleer und unterscheiden sich grundlegend in Atmosphäre und Beschaffenheit. Wer sie kennt, hat seine Favoriten, ähnlich wie bei den ägäischen Inseln oder den römischen Brunnen. Rackham und Moody beispielsweise mögen am liebsten die Schlucht bei Therisso, 16 Kilometer von Chania entfernt in den nördlichen Ausläufern der Weißen Berge, mit ihrer üppigen Vegetation, ihrem schattigen, gewundenen Verlauf und den Wänden, die wie hängende Gärten mit einer Vielfalt nur auf Kreta heimischer Pflanzen bewachsen sind. Wer es gern kahl und ursprünglich mag, für den gibt es eine Schlucht hinter dem Kloster Kapsa im wüstenartigen Küstenstreifen ganz im Südosten der Insel, wo die durchschnittliche jährliche Niederschlagsmenge nur rund 400 Millimeter beträgt. (Der Vergleich mit den etwa 2000 Millimetern am höchsten Punkt der Weißen Berge zeigt, wie ungleich sich die Niederschläge von West nach Ost verteilen, ein für eine so kleine Insel erstaunliches Phänomen.) Es ist eine kahle und wasserarme Landschaft, eine, in der sich die asketischen Propheten früherer Zeiten vielleicht wohl gefühlt hätten.

Meine Lieblingsschlucht liegt bei dem Dorf Zaros in der Provinz Heraklion. Sie bietet eine Mischung von Eindrücken, die ich für typisch kretisch halte. Ein Stückchen westlich des Dorfes führt ein markierter Pfad rund eineinhalb Kilometer zum Kloster Agios Nikolaos hinauf – zu Fuß vom Dorf aus ist es sogar noch wesentlich kürzer. Der Eingang zur Rouwas-Schlucht befindet sich weiter oben, so dass man sich in dem ruhigen, schattigen Klosterhof eine Pause gönnen oder in der Kirche die Malereien aus dem 14. Jahrhundert besichtigen kann, bevor man sich auf den Weg macht. Ein halbstündiger Aufstieg über einen steilen Pfad bringt einen zu der Einsiedlerhöhle des heiligen Euthymios mit einer winzigen Kapelle, in der noch zwei schöne Wandmalereien erhalten sind. So hat man ein Kloster, eine Einsiedlerhöhle und eine großartige Wanderung in einem. Die Rouwas-Schlucht ist für kretische Verhältnisse kurz, rund fünf Kilometer, mit einem gut begehbaren Weg und einem wunderbaren Blick auf das Psiloritis-Gebirge, das auf der ganzen Strecke vor einem aufragt. Das ist einer jener Augenblicke auf der Insel – und davon gibt es viele –, da sich die Spuren der Menschen harmonisch in die unberührte wilde Landschaft einfügen, so dass ein unvergesslicher Eindruck entsteht.

Wandschmuck in einem Kloster

Kreta bietet in jedem Fall zahlreiche Alternativen, und wenn einem die Wanderung zu anstrengend oder das Wetter zu heiß erscheint, braucht man von Zaros nur ein paar Kilometer westlich Richtung Kamares zu fahren, um zu einem weiteren Kloster zu gelangen. Das Kloster Vrondisi ist eines der schönsten auf der Insel und eines der wichtigsten in der Geschichte des kretischen Mönchswesens. In den letzten Jahrzehnten der venezianischen Herrschaft, einer von vitaler Kreativität und Erneuerung gekennzeichneten Zeit, war es ein Zentrum von Bildung und sakraler Kunst.

Das Kloster ist Antonius geweiht, dem Schutzheiligen der Einsiedler. Im äußeren Hof vor den Haupttoren sprudelt das Wasser geräuschvoll aus den Mäulern der Löwenköpfe, die den Brunnen schmücken; eine Platane von gewaltigen Ausmaßen überwölbt den Platz. Hier in Vrondisi hat Michail Damaskinos, der zu den wichtigsten Ikonen- und Freskenmalern Kretas zählt, im 15. Jahrhundert ein paar seiner bedeutendsten Werke geschaffen. Sechs seiner hier entstandenen Ikonen sind in einer ständigen Ausstellung in der Galerie der Kirche Agia Ekaterini in Heraklion zu besichtigen.

Am Tag unseres Besuchs saß einer der beiden verbliebenen Mönche im Schatten eines Feigenbaums am Eingang und unterhielt sich ernst mit ein paar Einheimischen. Er grüßte uns höflich und würdevoll. Weder stellte er uns irgendwelche Fragen, noch wollte er uns etwas verkaufen. Und er heftete sich auch nicht aufdringlich an unsere Fersen, um zu kontrollieren, ob wir uns auch an das Fotografierverbot in der Kirche hielten, wo die Fresken in der Apsis, die uns aus der Düsternis entgegenblickten – die Apostel und Christus beim Letzten Abendmahl –, dieselbe ernste Würde ausstrahlten.

Doch zurück zu den Schluchten. Die Samaria-Schlucht zeichnet sich, ähnlich wie einige schmalere Schluchten, die parallel dazu verlaufen, dadurch aus, dass sie sich am Südende zum Meer hin öffnet. Hat man also den langen, heißen Marsch hinter sich und erreicht Agia Roumeli, winkt als Belohnung nicht nur ein kühles Getränk, sondern auch die Aussicht auf ein erfrischendes Bad.

Das jedoch stellt einen auch vor die Wahl, was man zuerst machen möchte. Der Weg zum Strand führt an den Bars vorbei. Wir hatten schon seit geraumer Zeit ziemlich Durst, weil wir törichterweise nichts zu trinken mitgenommen hatten. Auch die Vorstellung, sich einfach nur eine Weile hinzusetzen, war äußerst verlockend. So fiel die Entscheidung schnell: Die Bar gewann haushoch. Ich glaube kaum, dass mir ein kaltes Bier je zuvor so gut geschmeckt hat. Als wir jeweils einen Liter intus hatten, war alle Lust auf ein erfrischendes Bad verflogen. Wir schafften gerade noch den Weg zum Schiff.

Die Schiffe fahren von hier aus in beide Richtungen an der Küste entlang. Im Allgemeinen nehmen die Leute die Fähre Richtung Westen nach Sougia und kehren von dort über Land nach Chania zurück. Wählt man aber die andere Route nach Chora Sfakion, um dort Station zu machen, kann man die Bergdörfer auf der Südseite der Weißen Berge besichtigen, die Region Sfakia.

Es ist eine wilde, einsame Gegend mit nur wenigen Straßen, einem unerbittlichen Klima und harten Lebensbedingungen. Die Abgeschiedenheit und Isolation, die man hier zuweilen empfindet, ist in gewissem Sinn der Preis, den die Menschen für ihren unbeugsamen Geist gezahlt haben, für ihre Weigerung, ein fremdes Joch zu erdulden. Das hatte auch zur Folge, dass ihre Dörfer immer und immer wieder zerstört wurden.

In all den Jahrhunderten unter fremder Herrschaft wurden die Sfakioten nie völlig unterworfen, sie widerstanden in ihren Bergfesten den Venezianern, Türken und Deutschen, und wenn sie einmal nicht von Invasoren bedroht waren, gingen sie mit der gleichen Wildheit auf ihre Nachbarn los. Um nur ein Beispiel unter vielen herauszugreifen: Bei der Rebellion von 1866 fielen die Sfakioten den Aufständischen von Zourva in den Rücken und bewahrten so die Türken vor einer Niederlage. Dieser Angriff erfolgte einzig und allein aus Groll auf die eigenen Landsleute, weil diese die Führungsrolle im Widerstand beanspruchten, ein Privileg, das die Sfakioten als ihr ureigenes ansahen.

Sollten Wissenschaftler jemals ein Krieger-Gen identifizieren, wird man es sicher bei den Menschen aus der Sfakia entdecken. Ihre gesetzlose und räuberische Gesinnung zeigt sich deutlich in der regionalen Version der Schöpfungsgeschichte. Diese beginnt laut Adam Hopkins mit einer Aufzählung der Gaben, die Gott den anderen Teilen der Insel mitgegeben hat:

> *... Oliven für Ierapetra, Agios Vasilios und Selinou; Wein für Malevisi und Kissamou; Kirschen für Mylopotamos und Amari. Als Gott jedoch zur Sfakia kam, waren nur noch Felsen übrig. Also erschienen die Sfakioten vor Ihm, bewaffnet bis an die Zähne. »Und wie sollen wir, o Herr, auf diesen Felsen überleben?« Und der Allmächtige sah sie wohlwollend an und antwortete ihnen (natürlich in ihrem eigenen Dialekt): »Habt ihr denn keinen Funken Verstand im Kopf? Begreift ihr denn nicht, dass die Bewohner der Ebenen all diese Kostbarkeiten nur für euch anbauen?«*

Daher ist es nur angemessen, dass sich die imposanteste kretische Heldenlegende vom Widerstand gegen die Türken im 18. und 19. Jahrhundert um die Großtaten des Sfakioten Daskalojannis rankt, der in Anopolis, einem Dorf in den Gebirgsausläufern hinter dem Küstenort Chora Sfakion, geboren wurde. Da die Sfakioten große Sänger und Geschichtenerzähler sind, ist es ebenso angemessen, dass dieser Daskalojannis unter ihnen einen Chronisten gefunden hat. 16 Jahre nach seinem Tod im Jahr 1717 diktierte ein des Schreibens und Lesens unkundiger Barde namens Pantzelios, von Beruf Käser, die Geschichte einem Schreiber und schuf so ein Versepos von 1000 Zeilen. Dieser Schreiber war ein einfacher Schafhirte. Er zeichnete die Geschichte langsam und wahrscheinlich mit großer Mühe auf – man kann sich nicht vorstellen, dass er im Schreiben sehr geübt war. Hier also seine Schilderung des Vorgangs, entnommen der ausgezeichneten Studie über Kreta von Michael Llewellyn Smith, in der auch vom Aufstand des Daskalojannis die Rede ist.

*Ich begann, und jeden Tag schrieb ich ein wenig.*
*Ich hielt das Papier fest und ich hielt die Feder,*
*Und er erzählte mir die Geschichte und ich schrieb sie nieder,*
*Wort für Wort.*

Diesem Versepos verdanken wir allen heroischen Übertreibungen zum Trotz das meiste, was wir über den berühmten Aufstand des Yannis Vlochos wissen, der unter dem Namen Daskalojannis, »Lehrer Iannis«, bekannt wurde – ein Ehrentitel, keine Berufsbezeichnung, denn in Wirklichkeit war er Reeder und einer der reichsten Männer der Insel. Im Grunde war er für die Rolle eines traditionsbewussten kretischen Rebellenführers denkbar ungeeignet. Daskalojannis kleidete sich nach europäischer Mode, beherrschte mehrere Sprachen und war im Mittelmeerraum viel herumgekommen. Seine politischen Ziele gingen weit über die meist regional begrenzten Aufstände der Sfakioten hinaus. Er träumte davon, Kreta und ganz Griechenland von der osmanischen Herrschaft zu befreien und seine Heimat in die Gemeinschaft der christlichen Nationen zurückzuführen.

Fast selbstverständlich wandte er sich an die Russen, seine Glaubensbrüder, um Hilfe, und die Russen ihrerseits betrachteten ihn als nützlichen Verbündeten. Aus ihrer Sicht war sein Erscheinen sogar ein Geschenk der Vorsehung. Der russisch-türkische Krieg war gerade ausgebrochen, und Graf Orloff, Gesandter von Katharina der Großen, hatte die Aufgabe, Rebellionen gegen die Türken anzufachen, wo immer es ging. In dem begeisterten und gläubigen Daskalojannis fand Orloff einen perfekten Bauern für sein Schachspiel.

Pläne wurden geschmiedet. Der Aufstand der Kreter sollte zeitgleich mit einer Revolte auf dem Peloponnes beginnen. Orloff versprach, die Rebellen vom Meer aus zu unterstützen. Mit diesem Versprechen im Hintergrund konnte Daskalojannis die Kreter dazu bewegen, ihm zu folgen. Im März 1717 wurde die Fahne des Aufstands gehisst. Die Streitmacht der Sfakioten, wahrscheinlich nicht mehr als 1000 Mann, marschierte nach Chania, um dort die Türken einzukesseln, bis die russische Flotte eintraf. Doch Tag um Tag verstrich, ohne dass ein russisches Schiff gesichtet wurde. Ohne die russischen Geschütze war der Aufstand zum Scheitern verurteilt. Im Mai drangen die Türken mit einer Armee von 20 000 Mann in der Sfakia ein. Weil die Rebellen zahlenmäßig weit unterlegen waren, mussten sie sich in ihre Bergfesten zurückziehen. Und immer noch kam keine russische Hilfe.

Die Sfakioten kämpften unglaublich tapfer und zäh, aber im folgenden Frühling war die Lage verzweifelt. Ihre letzten Verteidigungslinien waren überrannt worden. Da schrieb der Pascha von Heraklion an Daskalojannis und forderte ihn auf, sich zu ergeben.

*Vertraue meinem Brief, was immer sie dir auch sagen mögen,*
*Und verlasse die Sfakia mit den Männern, die dort leben.*
*Wenn du kommst und wir miteinander reden,*
*Werden wir alles beilegen und Freundschaft schließen.*

Zusammen mit diesem Brief traf noch ein zweiter ein, geschrieben von Daskalojannis' Bruder, der den Türken bereits in die Hände gefallen war. Darin beschwor dieser Daskalojannis, der Aufforderung des Paschas zu folgen. Aber es war ihm auch gelungen, in seinem Text ein vorher vereinbartes Codewort unterzubringen, das besagte, dass sein Bruder auf beide Briefe nichts geben solle. Dennoch beschloss Daskalojannis, sich zu ergeben. Dank der Warnung seines Bruders wusste er zwar, dass er kaum eine Chance hatte, seinen Kopf zu retten, aber er wollte zumindest versuchen, bessere Bedingungen für seine Gefolgsleute zu erzielen. Und so nahm er Abschied von Frau und Kindern:

*Kommt in meine Arme, Kinder, damit ich euch küssen kann,*
*Und verhaltet euch klug, bis ich zurückkehre.*
*Hört auf das, was eure Mutter und euer Volk euch sagen ...*
*Ich schließe euch in meine Gebete ein.*

Er ergab sich und wurde nach Heraklion gebracht. Der Pascha hieß ihn mit allen Zeichen der Freundschaft willkommen, bot ihm Essen, Wein, Kaffee und Tabak an und begann ihn dann höflich zu befragen. Was die Ursache für den Aufstand sei? Weshalb er ihm seine Beschwerden nicht vorgetragen habe?

*Die Ursache – Ihr seid die Ursache, Ihr gesetzlosen Paschas.*
*Deshalb beschloss ich, Kreta zum Widerstand aufzuwiegeln,*
*Um es aus den Klauen der Türken zu befreien.*

Wohl kaum eine sehr versöhnliche Antwort. Aber zu diesem Zeitpunkt hatte er die Hoffnung auf eine milde Strafe bereits aufgegeben. Und als ihn der Pascha, immer noch höflich, nach den Namen der Rädelsführer der Rebellion auf dem Peloponnes fragte, verweigerte er stolz und zornig die Antwort. Ihr verschwendet Euren Atem, erwiderte er. Euer Netz hat ein Loch, hofft also nicht, einen Fisch damit zu fangen. Diese Verweigerung war sein Ende. Am 17. Juni 1717 wurde er auf Befehl des Paschas zum Hauptplatz von Heraklion gebracht und dort bei lebendigem Leib gehäutet. In dem Epos heißt es, er habe diese entsetzliche Strafe ohne den geringsten Schmerzenslaut über sich ergehen lassen. Die überlebenden Sfakia-Rebellen kehrten nach einigen Jahren der Gefangenschaft in die Einsamkeit ihrer zerstörten Dörfer zurück.

Es fällt schwer, sich das Anopolis von heute, das Dorf, in dem der Held geboren wurde, in jenen verzweifelten und blutdürstigen Tagen vorzustellen. Das blühende Dorf liegt friedlich, von Obstbäumen und Weizenfeldern umgeben, in der fruchtbaren Hochebene. Die Sfakia insgesamt hat sich sehr verändert. Die Bewohner sprechen dieselbe Sprache und tragen dieselbe Kleidung wie die übrigen Kreter. Sie sind jetzt im Allgemeinen wohlhabender und auch friedfertiger. Zwar sind sie nicht immer sehr gesprächig, aber sie tragen keine Waffen mehr – zumindest nicht sichtbar. Die Verbindungswege sind besser geworden, aber die Berge in diesem Abschnitt der Südküste fallen steil zum Meer hin ab, und der Küstenstreifen ist äußerst schmal, an manchen Stellen kaum mehr als ein Felsstrand. Es gibt keine guten Straßen von Osten nach Westen, oftmals gar keine. Die Straßen nach Norden in Richtung Chania führen um die Weißen Berge herum; es gibt keinen Weg mitten durch das Bergmassiv. Und man braucht sich von den wenigen Straßen in der Sfakia nicht weit zu entfernen, um beim Wandern eine Landschaft zu entdecken, die in ihrer Ödnis und Abgeschiedenheit an die wilden Zeiten der Vergangenheit erinnert.

4

## *Die wandelbare Festung*

Fährt man von Chania die Küste entlang nach Osten, verläuft die Hauptstraße an der Souda-Bucht zunächst in Ufernähe und wendet sich dann bei Kalami nach Süden vom Meer ab, auf das sie erst wieder bei Rethymnon stößt. In der Nähe dieser 90-Grad-Kurve stehen auf einer Hochebene über der Bucht, zwei bis drei Kilometer landeinwärts, die Ruinen von Aptera, einst eine der mächtigsten griechischen Handelsstädte auf der Insel. Im 7. Jahrhundert v. Chr. von mykenischen Eroberern gegründet, erlebte Aptera seine Glanzzeit in der hellenistischen Epoche ab etwa 500 v. Chr. Ein Erdbeben hat die Stadt im frühen 8. Jahrhundert n. Chr. schwer verwüstet, und 823 wurde sie von arabischen Invasoren geplündert und mehr oder weniger dem Erdboden gleichgemacht; von diesem Schlag hat sie sich anscheinend nie wieder erholt. Bei den Ausgrabungen, die noch in Gang sind, wurden die Überreste von fast fünf Kilometer langen, massiven Steinmauern freigelegt, die ein weitläufiges Gebiet umschlossen – ein Beweis dafür, wie bedeutend diese Stadt einst war.

Nach nunmehr 13 Jahrhunderten sind die Belege für die gewalttätige Vergangenheit halb im Erdboden vergraben und grasüberwuchert, und man kann nicht mehr erkennen, ob der Verfall den Naturgewalten oder menschlicher Grausamkeit zuzuschreiben ist. Wir hatten das Gelände praktisch für uns allein; in den zwei Stunden, die wir dort verbrachten, begegneten wir kaum einem Menschen. Und wir empfanden ein tiefes Gefühl des Friedens an diesem Schauplatz längst vergangener Schlachten und tödlicher Leidenschaften, auch wenn wir erst später darüber sprachen. Vielleicht handelte es sich, zumindest bei mir, um ein Sichabfinden, eine Art Resignation. Schließlich wird irgendwann alles von Menschenhand Geschaffene abgetragen und eingeebnet sein und zu einer Landschaft werden wie dieser, bestehend nur aus Steinen und Blumen.

Doch die Gewalt und die Angst davor sind nach wie vor zu erkennen; sie sind der gemeinsame Nenner der Ruinen dieser einst mächtigen und wohlhabenden Stadt, die so viele Einwohner erlebt hat. Alle, die hierher kamen und sich der Stadt bemächtigten, lebten in der Angst, die Macht könnte ihnen wieder genommen werden, und suchten nach Wegen, sich gegen Angriffe zu wappnen. Nicht weit von den Ruinen einer türkischen Festung oberhalb der Souda-Bucht finden sich die Überreste eines deutschen MG-Geschützstandes, ein Stück tiefer ein weiteres Bollwerk, dessen Kanone noch an ihrem alten Platz steht, und noch weiter hangabwärts Festungsanlagen, die diesen natürlichen Ankerplatz, zweifellos einer der schönsten der Welt, vor ungebetenen Gästen sicherten. Unter der deutschen Schanze und der türkischen Bastion patrouillieren griechische Marineboote mit Geschützen.

Die Stadt erhielt ihren Namen zum Gedenken an einen Kampf – zumindest besagt das die Legende. Irgendwo in den nahen Bergen forderten die Musen die Sirenen zu einem musikalischen Wettstreit heraus, den die Sirenen verloren. Beschämt streiften sie ihre Flügel ab und stürzten sich von den Klippen in die Bucht, wo sie sich in Inseln verwandelten. Ein weiterer Fall von kretischem Mythenraub, denn überall sonst gilt Anthemoessa vor der italienischen Küste als Insel der Sirenen, an der Odysseus auf dem Heimweg nach Ithaka vorbeisegelte.

Nachdem also das Feld den Musen überlassen war, schmückten sie sich mit den Federn, um ihren Sieg zu feiern. »Aptera« heißt wörtlich übersetzt »ohne Flügel« oder auch »ohne Federn«, und in der Stadt gab es einen Artemis-Tempel, in dem die Göttin als Aptera, als »flügellose Artemis«, verehrt wurde. Seine Überreste sind noch vorhanden.

Aptera ist bei weitem nicht so alt wie andere Siedlungen auf Kreta. Als die Dorer mit ihren Eisenwaffen und dem Kriegerkult von Norden her eindrangen und die Insel kolonisierten, hatte die Zivilisation der Bronzezeit, die sie verdrängten, bereits eine 2000-jährige Geschichte von Aufstieg und Niedergang hinter sich. Dennoch bieten diese Ruinen alles, was den Besuch einer antiken Stätte auf Kreta reizvoll macht. Auf einer Hochebene weit über Meereshöhe gelegen, gewähren sie einen herrlichen Blick auf die hohen Berge im Süden und den großen Bogen der Souda-Bucht, auf Chania in der Ferne und die Hügel der Halbinsel Akrotiri im Norden. In dem Durcheinander aus alten Steinen und wucherndem Gestrüpp entdeckte man

Römische Zisterne in Aptera

bei den jüngsten Ausgrabungen dorische Säulen, die nach einem katastrophalen Erdbeben dort liegen geblieben waren, außerdem Mauerreste von einer römischen Straße, Ruinen einer byzantinischen Kirche und unterirdische Zisternen in gemauerten Gewölben. In einer davon steht noch dunkles Wasser – und ringsum ist kein anderes Geräusch zu hören als der Flügelschlag der Tauben.

Hier kann man nach Herzenslust wandern, mit dem Meer auf der einen und den Bergen auf der anderen Seite. Im Frühling und Frühsommer ist die ganze Gegend mit Wildblumen übersät – Stock- und Zistrosen, den dichten Ranken dunkelblauer Wicken –, es wimmelt von Hänflingen, Schwarzkehlchen und Piepern, die darin nisten. Wer wie wir alte Steine und jene Wildnis liebt, die nach dem Verfall antiker Städte entsteht und mit der sich keine andere Wildnis messen kann, für den ist dies eine Umgebung, wie sie schöner nicht sein könnte. Wenn man süchtig danach ist, wird die Aufmerksamkeit auf seltsame Weise unparteiisch, sie verteilt sich gleichmäßig, ohne an Schärfe zu verlieren. Die verwitterten Becken eines römischen Badehauses und die leuchtend roten Mohnblumen, die dazwischen in der Morgensonne lodern, sind auf einmal gleich alt und gleichermaßen interessant.

In dem byzantinischen Kloster, das dem heiligen Johannes Theologos geweiht ist, suchten wir auf den noch verputzten Stellen der halb eingestürzten Mauern nach Spuren von Freskenmalerei. Hie und da meinten wir, einen orange- oder ockerfarbenen Pinselstrich zu erkennen, eine Form, die an eine menschliche Gestalt erinnerte oder eine menschliche Absicht verriet. Tief verwurzelt, diese Angewohnheit, überall nach unserem Abbild zu suchen. Aber nur Zeit und Verfall haben hier ihre Spuren hinterlassen; schöne zwar, aber ohne Vorsatz entstanden – zumindest konnten wir keinen erkennen.

Rethymnon, die Hauptstadt der Provinz gleichen Namens, ist die nächste größere Stadt in östlicher Richtung auf der Straße, die sich von Kissamos bis Sitia praktisch die ganze Insel entlangzieht und alle Küstenorte miteinander verbindet. Die wichtigsten Städte und die meisten Badeorte finden sich hier an der Nordküste.

Es ist eine gute Straße, zum Teil erst kürzlich ausgebaut, hervorragend beschildert und mit glattem Belag, bestimmt die beste auf der Insel. Trotzdem fahren wir vorsichtig. Auf kretischen Straßen erfordern das Deplatzierte und das Unerwartete – beides ist allgegenwärtig – ein hohes Maß an Wachsamkeit. Jemand zieht vielleicht einen Handkarren mit Orangen hinter sich her oder überquert, mit Eimern beladen, die Straße, um Wasser zu holen. Umgehungsstraßen sind so gut wie nicht vorhanden, und so verringert man abrupt das Tempo, wenn sich die breite, übersichtliche Landstraße plötzlich in ein Ufersträßchen mit Läden und Bars verwandelt, an denen Autos parken und Menschen in Strandkleidung flanieren, bis sie ebenso unvermittelt wieder aus dem Ort hinausführt, begleitet von Bergketten auf der einen und der glitzernden Ägäis auf der anderen Seite. Etwas nervenaufreibend ist auch das allgemein übliche Fahren auf der Standspur. Eigentlich wären ja zwei Fahrspuren in jede Richtung nötig, um die Menge an Fahrzeugen zu bewältigen, die im Sommer dramatisch zunimmt. Vielleicht hat das Geld für so ein

Großprojekt nicht ausgereicht; zudem fallen die Felsen an vielen Stellen steil ab, und zwischen ihnen und dem Strand ist nicht viel Platz. Was immer der Grund sein mag, jedenfalls wird die Standspur – sofern überhaupt vorhanden, ist sie schmal und manchmal mit Geröll oder dem Müll von Picknicks aus grauer Vorzeit übersät, so dass wir uns angewöhnt haben, sie nur im äußersten Notfall zu benutzen – von den Kretern allgemein als zweite Spur benutzt. Fahrer, die überholen wollen, betätigen ihre Hupe, damit man nach rechts ausweicht, und werden sehr schnell ärgerlich, wenn man das nicht tut.

Die kretische Fahrweise hat etwas sehr Eigenwilliges, das man erlebt haben muss, um es würdigen zu können. Sie ist nicht selbstgerecht, rücksichtslos oder krankhaft ungeduldig. Nein, sie verrät eher eine Art stolzer Nonchalance, eine gefährliche Grandezza. Am besten drückt dies das griechische Wort *palikari* aus, für das es keine genaue englische oder deutsche Entsprechung gibt. Der *palikari* ist ein Held, ein Freiheitskämpfer, ein Patriot. Es gab ihn schon vor Jahrhunderten, zu Zeiten der türkischen Besatzung; damals ging er in die Berge und führte von dort aus als Geächteter einen Partisanenkampf gegen die Unterdrücker, bei dem keine Seite der anderen etwas schuldig blieb. Man sieht ihn auf unzähligen alten Bildern, mit Quastenkappe und Furcht einflößendem Schnauzbart, einen Hinterlader an der Seite und einen gekrümmten *yataghan* mit Doppelklinge am Gürtel.

Die Vorstellungen in den kretischen Dörfern haben sich seit jenen Tagen nicht wesentlich verändert. Noch immer ist der *palikari* Held und Vorbild – für Schuljungen und

Erwachsene gleichermaßen. Ich erinnere mich, wie ich einmal auf einem ruhigen Platz vor einem Café saß, als ein offener Sportwagen älteren Baujahrs um die Ecke brauste und scharf bremste, wobei er nur knapp ein Kriegerdenkmal und eine alte, schwarz gekleidete Frau verfehlte. Ein junger Mann stieg aus und stolzierte in das Café, ohne einen Blick zurückzuwerfen. »Da geht ein *palikari*«, sagte einer der Männer am Nebentisch, und in seiner Stimme lag unverkennbar Bewunderung.

Spektakulär ist der Abschnitt nach der Drapanon-Halbinsel, kurz nachdem die Straße wieder auf die Küste trifft. Zur Linken erstreckt sich die weite Fläche der Almirou-Bucht, und vor einem ragt in der Ferne das Psiloritis-Gebirge auf. Stellenweise fallen die Felswände schroff ab, oft direkt neben der Straßenbankette, und wo der Stein brüchig oder verwittert ist, hat er einen warmen Rotton, der in der Sonne leuchtet. Am Stadtrand von Rethymnon – sowie an den Rändern aller größeren Orte in Kreta – werben riesige Plakate an der Straße für Zigaretten, heutzutage ein seltener Anblick, zumindest in Westeuropa.

Rethymnon wird von einer venezianischen Burg gewaltigen Ausmaßes bewacht. Sie gilt als größte venezianische Festung, die jemals gebaut wurde, eine Reaktion auf die häufigen Überfälle von Sarazenen-Piraten: Einer wurde 1538 von Khair ad-Din Barbarossa angeführt, ein anderer 1540 von Dragout Rais und zwei in den Jahren 1567 und 1571 von Uluch Ali Pascha, einem wegen seiner Grausamkeit berüchtigten italienischen Renegaten. Vor allem der letzte war vernichtend, weite Gebiete der Stadt wurden bis auf die Grundmauern niedergebrannt.

Zwar gelang es den Venezianern, die Piraterie weit gehend zu unterbinden, doch trotz der beeindruckenden Größe ihrer Burg und hervorragender Befestigungsanlagen fiel Rethymnon nach denkbar kurzer Belagerung 1646 in die Hände der Türken. Denn die Invasoren waren nicht so zuvorkommend, ihre Schiffe dem Beschuss durch venezianische Kanonen auszusetzen, sondern griffen vom Westen und Süden her an und bombardierten die Garnison, so dass diese schließlich kapitulieren musste. Als ich die hohen Zinnen sah, deren Bau so viel Geld, Material und Menschen verschlungen hatte und die letztlich doch zwecklos gewesen waren, kamen mir ein anderes Reich und eine andere Mauer in den Sinn – die einst von Zwangsarbeitern auf Befehl des römischen Kaisers Hadrian erbaute Mauer, die im Norden Englands von Küste zu Küste verläuft und die Pikten abhalten sollte. Was müssen die ein wärmeres Klima gewohnten römischen Legionäre in dem bitterkalten Wind gefroren haben, während sie ständig nach Norden Ausschau hielten, wo das Land des altbekannten Feindes lag. Dabei kam die tatsächliche Bedrohung, die niemand vorhergesehen hatte und gegen die keine Mauer etwas nützte, von Süden: die Sachsen, die auf dem Seeweg einfielen ...

Hier in Rethymnon, auf der von Burgmauern umfriedeten riesigen Fläche, sprießen zwischen den Ruinen der venezianischen Kasernen und Lagerhäuser, Zisternen und Pulverkammern flammend rote und gelbe Mohnblumen, von der Sonne gebleichte wilde Haferähren und büschelweise weiße Margeriten. Kretischer Diptam (*Dictamnus creticus*) wuchert in den Mauerritzen. Aus dieser Pflanze wird ein Heiltrank gewonnen, der schon seit langer Zeit gerühmt wird. Plinius und Aristoteles erwähnen ihn, ebenso Theophrast, der die erste systematische botanische Abhandlung geschrieben hat. Natürlich ranken sich auch Geschichten um ein Gewächs, dessen heilende Wirkung derart gepriesen wird. In der *Änäis* erzählt Vergil, wie der Held Äneas, nachdem ihn ein Pfeil getroffen hatte, dank dieses wundervollen Krauts genas, das ihm seine Mutter Aphrodite aus Kreta mitbrachte. Als in der Antike noch überall auf der Insel die kretische Wildziege, die *kri-kri*, herumsprang, glaubte man, diese Tiere verstünden es, einen Breiumschlag aus besagter Pflanze herzustellen, mit dem sie die ihnen von Jägern zugefügten Pfeilwunden selbst heilen konnten. Allerdings hat ihre phänomenale Klugheit die *kri-kri* nicht davor bewahrt, gejagt und dadurch beinahe ausgerottet zu werden; heutzutage findet man sie in freier Wildbahn nur noch in der Samaria-Schlucht und deren Umgebung.

Innerhalb der Festungsmauern steht eine Moschee aus der Zeit der türkischen Herrschaft. Davor und danach – denn Christen und Muslime herrschten abwechselnd über die Insel – war das Gebäude eine Kirche. Doch erst die Türken haben die wunderschön proportionierte Kuppel dazugebaut und auch die fein geschnitzte *mihrab*, die Gebetsnische, in die Mauer eingesetzt, die den Gläubigen die *qibla* weist, die Gebetsrichtung nach Mekka. Und es waren ebenfalls die Türken, die den Innenraum quadratisch anlegten, als schlichtes gemauertes Viereck in Anlehnung an Mohammeds Wohnhaus in Medina, wo sich die ersten Anhänger des Islam zum Gebet trafen.

Kuppel und Teile der Fenster wurden in den letzten Jahren restauriert, diesmal allerdings – endlich – nicht zum Zeichen der Eroberung oder um religiöse Überlegenheit zu demonstrieren, sondern weil das Gebäude wunderschön ist und sich vielfältig nutzen lässt. An diesem Tag herrschte im Inneren Hochbetrieb. Menschen standen auf Leitern, Sperrholz wurde in verschiedene Formen gesägt, und überall standen Kisten und lagen Sachen herum. Eine Künstlergruppe aus Athen bereitete eine Ausstellung ihrer Werke vor. Eine Künstlerin unterbrach ihr Tun und klärte uns auf, zum Glück auf Englisch. Früher sprach ich zwar fast fließend Griechisch, zumindest konnte ich mit Taxifahrern streiten oder in Diskussionen über die Lebenshaltungskosten oder die Misswirtschaft der Regierung in Athen – zwei Hauptgesprächsthemen damals wie heute – meinen Standpunkt erläutern. Aber das ist ein halbes Menschenalter her.

Die Gruppe nannte sich Touch. Ihre Mitglieder machten Skulpturen, Keramiken, Mobiles. Man hatte sie aufgefordert, dieses Gebäude zu nutzen, und so hatten sie mehr Platz, als ihnen sonst zur Verfügung stand und konnten größere und ambitioniertere Arbeiten zeigen. Die Frau, die mir das erzählte, war sichtlich begeistert von dieser Aussicht. Zwar machte sie sich Sorgen wegen des Seewinds und meinte, die Türen auf dieser Seite müsste man wohl geschlossen lassen. Aber es sei ein fabelhafter Ort für eine Ausstellung, sagte sie und unterstrich ihre Worte mit Gesten: der halbkugelförmige Raum; das wegen der Nähe zum Meer klare Licht, das durch die in regelmäßigen Abständen ausgesparten Fenster rundum einfiel; die großzügigen Proportionen der Kuppel. Ihre Begeisterung war aufmunternd und auch anrührend. Die Gestaltungselemente dieses Bauwerks, das jahrhundertelang ein Ort der Anbetung für zwei Religionen war, die sich mit ihrem jeweiligen Alleinvertretungsanspruch feindlich gegenüberstanden, trugen jetzt dazu bei, dass es sich über die Schranken von Konfession und Nationalität hinweg vorzüglich für eine andere Form von Andacht eignete.

Diese Nutzung ehemaliger Moscheen ist ein ermutigendes Zeichen dafür, dass die Animositäten vergangener Tage allmählich abnehmen. Erst 1913 erlangten die Kreter die völlige Unabhängigkeit von der türkischen Oberhoheit. Als im November in Anwesenheit von König Konstantin und Ministerpräsident Venizelos in Chania die offizielle Erklärung der Vereinigung mit Griechenland verlesen wurde, jubelten die Menschen. Wo bisher die türkische Fahne wehte, wurde die griechische gehisst, und an derselben Stelle brachte man eine Marmortafel an, die fortan an die langen Jahre des Leidens der Kreter unter den Invasoren erinnern sollte.

Bitterkeit vergeht nur langsam. Vor einigen Jahren verbrachte ich ein paar Tage auf der kleinen Insel Simi, die zu den Dodekanes in der östlichen Ägäis gehört, einer Inselgruppe nahe der türkischen Küste. Dort wurde einer meiner Romane verfilmt, und ich war neugierig, wie das wohl vor sich gehen würde, denn ich hatte noch nie Dreharbeiten miterlebt. Es handelte sich um einen historischen Roman, der im Jahr 1908 spielt, zu einer Zeit also, in der diese Inseln noch von den Türken besetzt waren.

Die Kara-Moussa-Pascha-Moschee

Um der Authentizität willen mussten die griechischen Komparsen türkische Soldatenuniformen tragen, die türkische Fahne musste zumindest kurz gehisst und ein paar Wachhäuschen in den türkischen Farben Rot und Weiß gestrichen werden. Diese schlichten Anforderungen verursachten ungeheuren Ärger. Die Komparsen mussten mühsam überredet – und wahrscheinlich auch besser bezahlt – werden, ehe sie die Uniformen anlegten. Obwohl im Vorfeld eine staatliche Genehmigung erteilt worden war, verwahrten sich die Beamten vor Ort entschieden dagegen, dass irgendwo auf der Insel die türkischen Farben geflaggt wurden, und es erforderte viel diplomatisches Geschick, die aufgebrachten Gemüter zu beruhigen. Seit diese Inseln Griechenland zugesprochen wurden, sind fast hundert Jahre vergangen, doch für die Menschen auf Simi war es wie gestern.

Mich störte das nicht sonderlich. Viel mehr verstimmte mich, dass außer dem Regisseur keiner meinen Roman gelesen zu haben schien und die Produktionsassistenten mich unentwegt fragten, wer ich eigentlich sei und was ich hier zu suchen habe. Allerdings durfte ich auf Simi, wenn auch nur kurz, die Macht eines Autors auskosten, was wirklich selten vorkommt. Auf der Insel in meinem Roman warten kleine Einspänner am Kai, um die fremden Besucher ins Hotel zu bringen. Der Haken dabei war, dass es auf Simi keine Pferde gibt. Was hätten Pferde auch auf einer so steinigen kleinen Insel zu suchen gehabt? Also mussten sie mit der Fähre vom Festland herübergeschafft werden. Als ich die Pferde dann angeschirrt vor ihren Wagen hintereinander stehen sah, überkam mich zugegebenermaßen fast ein Gefühl von Omnipotenz. All diese Mühen und Ausgaben nur wegen ein paar Zeilen ...

Als wir an diesem Tag Rethymnon besuchten, wurde in der Tis-Nerantzes-Moschee in der Altstadt ein klassisches Konzert gegeben. Einen krassen Gegensatz dazu bildet die Kara-Moussa-Pascha-Moschee an der Platia Iroon mit ihrem Innenhof voller Unkraut und Müll, verrammelten Türen, baufälligen Kuppeln und Bögen und ohne irgendein Schild, das dem Passanten verraten hätte, um was für ein Bauwerk es sich handelt.

Lediglich ein wunderschöner muslimischer Grabstein mit einem Blüten- und Blattmuster springt ins Auge, wirkt wie ein leises osmanisches Echo auf die kretische Unerschütterlichkeit.

Rethymnon ist eine großartige Stadt zum Flanieren und Sichverlieren, ein faszinierend buntes Gemisch aus Baustilen, ein friedliches Nebeneinander von venezianischen, osmanischen und griechischen Formelementen: geschnitzte Holzbalkone und Treppengeländer, gemauerte Bögen, in seltsamen Winkeln versteckte steinerne Brunnen, Arabesken über einem Torweg, die korinthischen Kapitelle eines neoklassizistischen Herrenhauses, das im Lauf der vielfältigen Besatzungen immer wieder umgebaut wurde. Verweise auf Vergangenheit und Gegenwart, eine Lektion in Architektur und Geschichte gleichermaßen.

Als wollte das Meer einem wieder Orientierung geben, lässt es sich früher oder später irgendwo blicken, an diesem Sommertag als leicht gekräuselte, kobaltblau schimmernde Fläche, zuweilen jedoch voller Ungestüm und Tücke, Quell all der fragwürdigen Vorzüge und unstreitigen Ärgernisse, die seit uralten Zeiten die Geschichte dieser Insel geprägt haben.

5

## *Im Labyrinth*

Weiter geht es nach Osten, nach Heraklion, seit 1971 offiziell die Hauptstadt von Kreta. Nach den reizvollen Hafenstädten Chania und Rethymnon, die leicht zu Fuß zu erkunden sind und sich Reste der traditionellen Lebensart bewahrt haben, wirkt Heraklion im Großen und Ganzen wie ein konturlos wucherndes Gebilde. Im Zweiten Weltkrieg wurden weite Bereiche der Stadt bei Luftangriffen zerstört, und der Wiederaufbau nach dem Krieg ging hastig vor sich, ohne viel Planung und ohne langes Nachdenken über ein wünschenswertes Erscheinungsbild.

Trotz ihres heutigen Wohlstands – dies ist die wohlhabendste Region der Insel – erscheint einem Heraklion wie etwas nutzlos Gewordenes, wie eine Stadt, die, von der Geschichte betrogen, ihre Bedeutung verloren hat. Sie befindet sich in einem traurigen Zustand, der sich kaum mit Beispielen illustrieren lässt, aber der Inbegriff dafür ist der riesige venezianische Hafen mit der großen Festung, die seine Einfahrt bewacht. Unter dem Schutz ihrer Kanonen hätte eine ganze Flotte venezianischer Kriegsgaleeren vor Anker gehen können. Wälle und Befestigungsanlagen sind noch vorhanden, doch für moderne Schiffe ist der

Hafen ungeeignet. Selbst die Fähren zum Festland, die den Hauptverkehr auf dem Wasser ausmachen, müssen an den massiven, überaus hässlichen Betonkais daneben anlegen. Und die von den Venezianern erbauten Zeughäuser und Werften gehen im Verkehrsstrom unter.

Die verschiedenen Namen, die die Stadt im Lauf der Jahrhunderte trug, spiegeln die Geschichte Heraklions und ganz Kretas wider. Das einstige Dorf wurde ursprünglich nach Herakles benannt, dem Helden und Muskelprotz der griechischen Sagenwelt. Im 9. Jahrhundert bauten die arabischen Eroberer die Siedlung zu einer befestigten Stadt aus und nannten sie Rabd el Chandak, was im Arabischen »Burg mit dem Graben« heißt, denn dieser war Teil der Verteidigungsanlagen. Die Byzantiner, die 961 die Araber vertrieben, machten daraus Chandax und die Venezianer, die die Insel 1204 eroberten, Candia. Ihren ursprünglichen Namen erhielt die Stadt erst wieder zu Beginn des 20. Jahrhunderts, nachdem die letzten türkischen Besatzungstruppen abgezogen waren. In der Zeit, als sie Candia hieß, erreichte sie ihren Höhepunkt an Macht und Ansehen und zählte als wichtiges Handelszentrum und als Versorgungsstation für die Kreuzzüge zu den bedeutendsten Städten Europas. Dazu kam, dass sie praktisch uneinnehmbar war. Welche Fehler die Venezianer auch gehabt haben mögen, sie wussten, wie man Festungen baut. Selbst als die Türken bereits die ganze übrige Insel beherrschten, dauerte es noch ganze 21 Jahre, bis sie dieses letzte Bollwerk der Christenheit im östlichen Mittelmeer erobert hatten – wahrscheinlich die längste Belagerung einer Stadt, die es je gegeben hat.

Die venezianische Festung in Heraklion

Wir vergeudeten einige Zeit mit der erfolglosen Suche nach einer gut sortierten Buchhandlung. Es war irgendwie bezeichnend und typisch, dass es in dieser Stadt mit ihren rund 100 000 Einwohnern, der Hauptstadt der Insel, keinen einzigen guten Buchladen gab. Damit ist Kreta zwar insgesamt nicht reich bestückt, aber immerhin gibt es sowohl in Chania als auch in Rethymnon bessere Buchhandlungen als in Heraklion. Verärgert über diesen Reinfall sann ich missmutig darüber nach, ob ich überhaupt schon jemals einen Kreter ein Buch hatte lesen sehen. Allerdings bedauerte ich diese unfreundlichen Gedanken bald wieder, als die Buchhandlung, in der ich nach einem bestimmten Titel gesucht hatte, mir diesen innerhalb von drei Tagen besorgte und mich telefonisch benachrichtigte.

An der Titus-Kirche in der Avgoustou-Straße 24 in der Nähe des Kalergon-Platzes lassen sich anhand der baulichen Veränderungen die wechselvollen Machtverhältnisse auf der Insel ablesen. Titus war ein Schüler des Apostel Paulus, und dieser ernannte ihn zum ersten Bischof von Kreta. Die ihm geweihte Kirche in Heraklion war eine Gründung der Byzantiner. Die Venezianer übernahmen und veränderten sie, später wurde sie von den Türken in eine Moschee umgewandelt und nach dem Erdbeben 1856 wieder aufgebaut; nach dem Abzug der Türken schließlich wurde sie von der Orthodoxen Kirche renoviert und 1925 neu geweiht.

Eine ziemlich bewegte Geschichte. Und doch entdeckten wir etwas, das über all diese Wechselfälle hinweg im ursprünglichen Zustand überdauert hat: der Schädel des heiligen Titus, der dort als Devotionalie aufbewahrt wird; der restliche Körper ist verschollen. Allerdings hat der Schädel schon so manche Reise hinter sich. Bis ins frühe Mittelalter wurde er in der alten Basilika in Gortis aufbewahrt, die ebenfalls diesem Heiligen geweiht war; später kam er nach Heraklion. Von dort wurde er aus Furcht vor den eindringenden Türken nach Venedig gebracht, wo er einige Jahrhunderte lang blieb. Im Jahr 1966 schließlich kehrte er in die kretische Hauptstadt zurück, und so ruht er nun wieder in einem Reliquienschrein in dieser stillen Kirche, ohne neue Gefahren oder Umzüge befürchten zu müssen – hoffentlich.

Wir entdeckten auch noch einiges andere, das der Verunstaltung entgangen war. Zwar haben die Christen das Minarett abgerissen und auf die Kuppel ein Kreuz gepflanzt, aber in dem kleinen Vorhof der Kirche plätschert nach wie vor ein schlichter osmanischer Brunnen aus

Die Titus-Kirche

kunstvoll behauenem Stein, mit einer Rinne zum Füßewaschen und Zu- und Abläufen für das fließende Wasser, denn für die rituellen Waschungen der Muslime muss stets fließendes Wasser vorhanden sein. Der Brunnen ist wunderschön und überdauerte dank seiner bescheidenen Ausmaße; dicht am Boden zu bleiben, hat eben doch einiges für sich.

Kretas Kirchen können einen durch das Labyrinth der Geschichte leiten, selbst wenn sie längst nicht mehr existieren. So wie etwa das Kloster des heiligen Franziskus, das die Venezianer im ersten Jahrhundert ihrer Herrschaft erbauten und das einst die imposanteste katholische Gründung auf der Insel war. An seiner Stelle befindet sich heute das Archäologische Museum von Heraklion. Aber das Kloster ist nicht restlos verschwunden. In der Zeit, in der man es als Moschee nutzte, brachte das schwere Erdbeben von 1856 den größten Teil des Gebäudes zum Einsturz, doch türkische Truppen retteten den Türstock und bauten ihn aus unerfindlichen Gründen in ihre Kaserne ein – vielleicht in der Hoffnung auf Allahs Segen. Dass es ursprünglich ein christlicher Türrahmen war, den Papst Alexander V. der Kirche 1410 zum Geschenk gemacht hatte, spielte offenbar keine Rolle. Dieser Papst stammte aus Kreta und hieß ursprünglich Petros Philargos, und einigen Quellen zufolge soll er zuvor als Mönch in diesem Kloster gelebt haben. Damals gab es nicht weniger als drei Päpste gleichzeitig, was beträchtliche Verwirrung stiftete. Wer von ihnen war nun der legitime Erbe des heiligen Petrus? Nach nur zehn Monaten im Amt starb Alexander unter mysteriösen Umständen. Nicht wenige glaubten, sein Nachfolger habe ihn vergiftet. Die Kaserne verfiel zwar, aber die Tür blieb erhalten. Heute dient sie als Nordeingang des Gerichtsgebäudes in der Dikeossinis-Straße und hat wohl schon so manchen Übeltäter eintreten sehen. Fast 600 Jahre und ein paar Geheimnisse, und all das nur einen Türstock breit.

Die Kirche Agia Ekaterini auf dem Platz gleichen Namens, zu der man gelangt, wenn man die Kalokerinou westwärts Richtung Chania-Tor spaziert, wurde einer sehr sinnvollen Nutzung zugeführt – ähnlich wie die ehemalige Moschee innerhalb der Festungsmauern in Rethymnon und die ehemalige venezianische Kirche San Francesco in Chania, die nunmehr das Archäologische Museum beherbergt. Aus der berühmten Klosterakademie und Kunstschule, die Agia Ekaterini früher war, wurde ein Museum für religiöse Kunst mit einer Sammlung kretischer Ikonen, die ihresgleichen sucht. Sie umfasst sechs Gemälde von Michail Damaskinos, einem Zeitgenossen und Landsmann von El Greco. Er war zwar weniger berühmt, aber dennoch ein sehr beachtenswerter Künstler und einer der ersten kretischen Maler, der naturalistische Elemente der italienischen Frührenaissance in die streng formale Tradition der byzantinischen Ikonen- und Freskenmalerei einführte.

Viele Touristen, die einen Strandurlaub mit Ausflügen nach Knossos und zu anderen minoischen Ausgrabungsstätten in der Umgebung von Heraklion kombinieren möchten, wählen Agia Pelagia, knapp 25 Kilometer westlich von Knossos, als Ausgangspunkt. Die Formulierung »viele Touristen« ist vermutlich gehörig untertrieben angesichts der Massen, die diese Gegend ab dem Frühsommer heimsuchen. Die Landzunge hinter dem Dorf ist so gut wie vollständig mit riesigen Hotelanlagen zugebaut, in denen man sich leicht verlaufen kann. Mitunter braucht man eine Viertelstunde, um von seinem Häuschen oder Bungalow durch die gepflegten Gärten zum nächsten Café zu gelangen oder jemanden zu finden, der einem sagen kann, wo man einen Kaffee bekommt.

Das ist die eine, die exklusive und teure Seite des Tourismus auf Kreta. Die andere Seite ist südlich davon zu besichtigen, eine endlose Kette von Bars, Discos und Tavernen, die den schmalen Strand säumen und landeinwärts zu einem Durcheinander aus Mietwagenfirmen, Fast-Food-Lokalen und Supermärkten, Apartmenthäusern, kleinen Hotels und anderen halb fertigen Bauten verkommt. Der Bau der geplanten Verbindungsstraßen konnte mit der Entwicklung nicht Schritt halten. Auch sie sind oft erst halb fertig, manchmal noch kaum über das Anfangsstadium hinausgediehen und enden zuweilen an Schutthalden oder Brachflächen. Die rasante Erschließung führt dazu, dass die Landkarten rasch veralten, so aktuell sie auch erscheinen mögen. Was auf der Karte noch herrlich leer aussieht, kann in Wirklichkeit bereits restlos zugebaut sein. Es gibt einen Punkt, der nicht leicht zu bestimmen, aber dennoch deutlich spürbar ist, einen Punkt, an dem der Zustrom von Besuchern und die für deren Unterbringung nötigen Strukturveränderungen von einem erträglichen in einen destruktiven Zustand übergehen. Und dann gibt es kein Zurück mehr. So warnte die Anthropologin Sonia Greger bereits 1993:

»Der Tourismus an der Nordostküste von Kreta hat, so würde ich sagen, ein kritisches Stadium erreicht, in dem der Zusammenbruch traditioneller Werte, der Gastfreundschaft und des Gemeinsinns unmittelbar bevorsteht ... Eine Ursache für die problematische Entwicklung des Tourismus ist die stark zunehmende Konkurrenz zwischen den Einheimischen, die sich von ihren traditionellen Einkommensquellen und Formen des Broterwerbs abwenden.«

Auch die größeren, teureren Hotels oberhalb der Bucht von Agia Pelagia fügen den umliegenden Gemeinden Schaden zu, in diesem Fall dadurch, dass sie ihnen praktisch ihren Grund und Boden wegnehmen. Weite Teile der Landzunge, darunter große Strandabschnitte, sind für die Öffentlichkeit gesperrt. Nach griechischem Gesetz hat jedermann das Recht auf freien Zugang zum Strand, der als Gemeinschaftseigentum gilt – ein lobenswerter Grundsatz, nur wird er in der Praxis nicht angewendet. Die Hotels haben imposante Tore, Einfahrten und Wachpersonal, das genau darauf achtet, wer kommt und geht. Sofern man nicht Gast ist oder sehr gut schwindeln kann, hat man wenig Chancen, an den Aufpassern vorbeizukommen. Das bedeutet, dass Einheimische, die früher einmal an diesen Stränden zum Baden gingen, dort ein kleines Fischerboot liegen hatten oder auf den Klippen Spaziergänge unternahmen, um die großartige Aussicht über die Bucht zu genießen, und die es gewohnt waren, all das als ihr von Geburt an verbrieftes Recht anzusehen, durch einen Federstrich in einem weit entfernten Büro enteignet wurden.

Diesen riesigen Hotels liegt in jedem Fall eine falsche Vorstellung davon zu Grunde, wie ein Hotel auszusehen hat. »Megaluxus« heißt das Zauberwort, auf das alles ausgerichtet ist. Dieses »mega« zeigt sich in Hunderten separater Bungalows, in fußballfeldgroßen Gartenanlagen und riesigen marmorverkleideten Eingangshallen. An »Luxus« jedoch fehlt es überall. Die Investitionen waren gewaltig, entsprechend dringend ist die Notwendigkeit, Gewinne zu machen. Pauschalreisen bieten dafür eine schnelle Möglichkeit. Für solche Hotels ist der ideale Gast nicht ein Individuum, sondern eine Einheit, eine Nummer, ein Teil eines Pauschalarrangements. Deshalb herrscht hier auch der Geist des Misstrauens. Der Gast wird mit einer Karte ausgestattet, auf der seine Kategorie verzeichnet ist; ohne sie ist er verloren und nicht in der Lage, dem Hotelpersonal, das ihn ständig fragt, wer und was er ist, zufrieden stellend Auskunft zu geben. In einem Fünf-Sterne-Hotel der Luxusklasse, einem der teuersten auf der Insel, dessen Frühstücksbereich über 1000 Sitzplätze im Freien verfügt und damit kaum mehr zu überblicken ist, steht eine Hinweistafel, auf der der Gast in verschiedenen Sprachen gebeten wird, kein Besteck mitgehen zu lassen. Die Frauen, die als Reinigungskräfte arbeiten, werden von den Wachleuten am Eingang regelmäßig durchsucht, bevor sie nach Hause gehen dürfen. An der Tür zum Speisesaal teilte uns ein Oberkellner im untadeligen Dinnerjacket nach einem kurzen Blick auf unsere Karte mit, unser Essen werde extra berechnet. Wie wir herausfanden, muss man sich ähnlich verhalten wie wenn man verhindern will, auf der Straße ausgeraubt zu werden – immer so tun, als wüsste man genau, wohin man will. Als wir gedankenverloren zwischen den unzähligen Tamarisken, Orangenhainen, Volleyballplätzen, olympiatauglichen Schwimmbecken und palastartigen Konferenzbereichen umherschlenderten, sprang plötzlich ein wie ein kretischer Bandit mit Waffen behängter Wachmann aus dem Gebüsch und verlangte die Karte zu sehen, die bewies, dass wir registrierte Gäste waren.

Nur wenige Kilometer südlich von Heraklion liegt der Magnet, der so viele Menschen in diese Region Kretas zieht: Knossos, unstreitig eine der großartigsten prähistorischen Stätten weltweit. Hier soll sich das Labyrinth befunden haben, das über Jahrtausende hinweg die Fantasie der westlichen Welt anregte, auch wenn nach wie vor umstritten ist, wie es ausgesehen hat. Einige Leute behaupten, es sei aus der minoischen Vorliebe für Anbauten hervorgegangen, die dazu führte, dass man an vorhandene Räume immer weitere anfügte, bis die betreffenden Häuser und Paläste wahren Irrgärten glichen. Sollte das zutreffen, war der Palast von Knossos, der zu seiner Blütezeit aus über tausend, auf fünf Stockwerke verteilten Räumen bestand, vielleicht selbst das Labyrinth.

Andere hingegen sagen, die Bezeichnung Labyrinth gehe auf einen religiösen Kult zurück. In der lydischen Sprache bezeichnet *labrys* eine doppelköpfige Axt, einen Gegenstand, der bei den Minoern als Kultobjekt verehrt wurde. So könnte *labyrinthos* womöglich »Ort der heiligen Axt« bedeuten. Costis Davaras erwähnt eine weitere Theorie, derzufolge sich das Labyrinth gar nicht in Knossos befunden habe, sondern in einer Höhle bei Skotino, knapp 20 Kilometer östlich von Heraklion. Wie schon gesagt, kann man auf Kreta kaum etwas erforschen oder irgendeinen Pfad einschlagen, ohne über kurz oder lang auf eine Höhle zu stoßen. Diese ist 175 Meter tief und gehört mit ihrer an ein mächtiges Kirchenschiff erinnernden Hauptkammer und den verschlungenen Galerien zu den eindrucksvollsten der Insel.

Einer weiteren Interpretation zufolge, die mir zwar am besten gefällt, aber am wenigsten plausibel erscheint, wurden bestimmte kretische Tanzfiguren als »Labyrinth« bezeichnet. Am Ende des 18. Buches der *Ilias* beschreibt Homer nämlich einen kretischen Volkstanz, der labyrinthartigen, sich immer wieder neu bildenden und auflösenden Mustern folgt. In der Übersetzung von Johann Heinrich Voß heißt es:

*Einen Reigen auch schlang der hinkende Feuerbeherrscher,*
*Jenem gleich, wie vordem in der weitbewohnten Knossos*
*Dädalos künstlich ersann der lockigen Ariadne. …*
*Kreisend hüpften sie bald mit schöngemessenen Tritten*
*Leicht herum, so wie oft die befestigte Scheibe der Töpfer*
*Sitzend mit prüfenden Händen herumdreht, ob sie auch laufe;*
*Bald dann hüpften sie wieder in Ordnungen gegeneinander …*

Wie immer auch die Theorien lauten, die antiken Mythen haben überdauert. Der Palast von Knossos bildete während der Bronzezeit den Mittelpunkt Kretas, und in seinem Zentrum wiederum befand sich das Labyrinth, in dessen Mitte der schreckliche Minotaurus hauste. Hierher kam der Held Theseus, hier verliebte sich die Königstochter Ariadne in ihn und gab ihm das Garnknäuel, mit dessen Hilfe er wieder zum Ausgang fand, nachdem er das Ungeheuer getötet hatte, hier fertigte der geniale Kunsthandwerker Dädalus für sich und seinen Sohn Ikarus die Flügel an, mit denen sie aus dem Labyrinth entfliehen wollten. Ikarus flog bekanntlich so nahe an die Sonne heran, dass das Wachs, das die Federn zusammenhielt, schmolz und er ins Meer stürzte. Die Sporaden-Insel Ikaria, an deren Strand er geschwemmt wurde, ist nach ihm benannt. Eine reale Insel und eine mythische Strafe für menschliche Unbesonnenheit ...

Die Ausgrabungen von Knossos durch den berühmten britischen Archäologen Arthur Evans sind inzwischen selbst zu einer Art Mythos geworden, zumindest zu jenem Gemisch aus Tatsache und Legende, das so typisch kretisch ist. Anscheinend verdankte Evans seine Entdeckung in erster Linie einem körperlichen Mangel. Denn wie Joan Evans in ihrer Biografie berichtet, war er extrem kurzsichtig. Wenn er sich einen Gegenstand dicht vor die Augen hielt, konnte er alle Einzelheiten erkennen, aber alles in größerer Entfernung sah er verschwommen. An sich nicht gerade ein Vorteil, aber diese Kurzsichtigkeit ermöglichte es Evans, mit phänomenaler Präzision die Hieroglyphen auf den Siegelsteinen – einer frühen Form von Siegelring – zu erkennen, auf die er in verschiedenen Gegenden des östlichen Mittelmeerraums stieß. Von Händlern in Athen erfuhr er, dass die meisten davon aus Kreta stammten. Und tatsächlich entdeckte er auch dort welche. Zwar konnte er die Zeichen nicht entziffern, aber ihm fiel eine Ähnlichkeit mit ägyptischen und mesopotamischen Hieroglyphen auf. Das brachte ihn zu der Überzeugung, die sein ganzes Leben verändern sollte, nämlich dass auf Kreta einst eine hoch entwickelte Zivilisation existiert haben musste, deren Überreste nun unter dem Erdboden lagen.

Es ist nicht vielen Menschen gegeben, fast auf sich allein gestellt, mit einer Überzeugung, die niemand sonst teilt, und motiviert durch eine Mischung aus Schlussfolgerungen und Intuition, der Welt die Existenz einer bis dahin vollkommen unbekannten Kultur zu beweisen. Evans war es gegeben.

Im März 1899 warb er auf Kreta Arbeiter an und begann auf dem Hügel Kephala bei Knossos mit den Grabungen. Zuerst suchte er nur nach weiteren Vorkommnissen der Hieroglyphen, die er auf den Siegelsteinen gefunden hatte. Zwar gelang es ihm nie, diese zu entschlüsseln, aber schon nach wenigen Tagen wurde ihm klar, dass es bei diesem Unternehmen um weit mehr als nur um Hieroglyphen ging. Er war dabei, die Überreste einer Palastanlage von riesigen Ausmaßen freizulegen, die den Nachweis für ein so differenziertes handwerkliches und architektonisches Können lieferte, wie nur eine hoch entwickelte Gesellschaft es hervorbringen konnte. Zu jener Zeit herrschte noch allgemein die Auffassung, die europäische Kultur habe erst um 700 v. Chr. mit den Griechen begonnen. Evans ahnte, dass er im Hinblick auf die Geschichte Europas die Möglichkeit bekam, eine Wissenslücke von 1500 Jahren zu schließen.

In diesen letzten Monaten des 19. Jahrhunderts kamen in Knossos erstaunliche Dinge zum Vorschein. Zu den ersten Funden gehörte das in zwei Teilen entdeckte Fresko eines Kultgefäß-Trägers, die bis dahin früheste Darstellung eines jungen Mannes aus der prähistorischen Bronzezeit Kretas, jener Kultur, die Evans später als minoisch bezeichnete. Schritt für Schritt wurden die Bestandteile des Palastes freigelegt: Säulenhallen, Badehäuser, Höfe, Treppen, der Thronsaal mit dem Thron von König Minos, der immer noch an seinem ursprünglichen Platz stand. Aber der vielleicht bemerkenswerteste Fund überhaupt waren die Überreste eines Freskos, auf dem ein junger Mann zu sehen ist, der mit unglaublicher Verwegenheit und akrobatischem Geschick einen Salto über den Rücken eines heranstürmenden Stiers schlägt, während ein Mädchen mit ausgestreckten Armen daneben steht, als wollte sie ihn auffangen. In den folgenden Monaten stießen Evans und seine Leute immer wieder auf dieses Motiv des Stierspringers. Was genau es bedeutet, wissen wir bis heute nicht; zumindest gibt es darüber nur kontroverse Ansichten, was auf dasselbe hinausläuft. War es ein beliebter Sport? Ein Wettkampf unter Gladiatoren? Ein religiöser Kult zur Verehrung des Stiers? Oder sind die Geschichten über die Menschenopfer doch wahr? War einer dieser Stierspringer der Held Theseus, wie Mary Renault in ihrem Roman *Der Stier aus dem Meer* annimmt?

Die Anfahrt nach Knossos mit dem Auto stellt einen vor ein Rätsel ganz anderer Art – und liefert wieder einmal einen Beweis für den Unternehmergeist der Kreter. Welches ist der offizielle Parkplatz? Auf den letzten rund 800 Metern der Straße, die zur Ausgrabungsstätte führt, zählten wir mindestens sieben Parkplätze, die alle um Kunden warben. Der offizielle war gratis, die anderen nicht, obwohl sie sich alle auf großen, auffälligen und einander sehr ähnlichen Schildern als der jeweils echte Car-Park von Knossos anpriesen. Erst als wir uns auf einen der engen, holprigen inoffiziellen Parkplätze hatten lotsen lassen und den Parkschein bereits bezahlt hatten, bemerkten wir beide gleichzeitig den Unterschied: Der offizielle Parkplatz war der mit dem unscheinbarsten Schild, und dort stand auch niemand mit einer dienstlich aussehenden Mütze an der Straße vor der Einfahrt, um einen winkend und lächelnd hineinzulocken.

Zu unserem Entsetzen wimmelte es in Knossos nur so von Besuchern, die zumeist mit Bussen in großen Gruppen angereist waren und nun von fröhlichen, gut gelaunten Führern durch die Anlage geschleust wurden. Diese gaben ungeniert als unumstößliche Tatsachen aus, worüber man nach so langer Zeit und angesichts solch spärlicher Belege sicherlich kaum mehr als Vermutungen anstellen kann. »Hier befand sich das Schlafgemach der Königin, und dort drüben war ihre Toilette, wo die Hofdamen ihr behilflich waren ...«

Wir kletterten umher, um uns die Räume anzusehen und den Grundriss dieser riesigen Anlage zu erfassen, die eher einer Stadt als einem einzigen Gebäudekomplex entspricht, in dem vor 4000 Jahren Herrscher und Priester, Künstler und Sklaven gelebt haben. Eine lange Menschenschlange wartet vor dem Thronsaal, einer der größten Sehenswürdigkeiten von Knossos, um einen Blick hineinwerfen zu dürfen. Nach etwa zehn Minuten, in denen wir schrittchenweise vorrücken, stehen wir an der käfigähnlichen Absperrung, die den Vorraum vom

Thronsaal trennt. Wir spähen angestrengt durch die Stäbe, um in dem düsteren Inneren Einzelheiten erkennen zu können: den hellen Alabasterthron des Minos, der immer noch an der Stelle steht, wo man ihn gefunden hat, flankiert von Fresken-Kopien prächtiger Fabelwesen, so genannten Greifen mit Adlerkopf, Löwenkörper und Schlangenschwanz; das in den Boden eingelassene Becken, das möglicherweise für rituelle Waschungen diente – Minos war wahrscheinlich sowohl Priester als auch König; eine Art Alkoven an der Wand gegenüber, der als Altar gedient haben mochte oder als ... Aber da ertönt die Stimme der Priesterin unserer Tage, der Wächterin über den heiligen Bezirk, die von ihrer Bank im Vorraum aus ein Auge auf alles und alle hat: »Weitergehen, bitte! Bleiben Sie nicht zu lang hier stehen!«

Ungefähr 30 Sekunden hat man uns zugestanden. Als wir uns weiterschieben lassen, werden wir ausweglos in eine Ecke gedrängt, umzingelt von riesenhaft scheinenden Skandinaviern, und die lauten, selbstsicheren Stimmen der verschiedenen Führer dröhnen uns in den Ohren. Sie lösen zwar nicht unbedingt Panik bei uns aus, aber doch ein Gefühl von Bedrängnis. Wir sind in eine moderne Version des Labyrinths von Knossos geraten, und wie kommen wir da wieder heraus? Hier gerät man als Einzelperson ebenso ins Hintertreffen wie in den riesigen, auf Pauschalreisende spezialisierten Strandhotels, wenngleich auf andere Weise. Wer auf eigene Faust zwischen den Ruinen umherwandert und sich seinen Reim auf das zu machen versucht, was er sieht, wird eingezwängt und durch die fremden Laute abgelenkt. Als Mit-

Die Gemächer der Königin im Palast von Knossos

glied einer Gruppe hat man diese Schwierigkeiten nicht. Man ist stets in der Überzahl, besetzt den Raum, ist mit anderen zusammen, lauscht gemeinsam der gleichen Stimme, sieht sich gemeinsam die gleichen Dinge an.

Doch in einer solchen Gruppe ist es kaum möglich, sich die Vorstellungskraft und Intuition zu bewahren, die nötig sind, um das Wundersame dieses Ortes zu spüren, um ein Gefühl für diese längst untergegangene Kultur zu bekommen, die hier einst ihre Blüte erlebte. Mit den bewundernden Ausrufen, den Sonnenhüten, dem linkischen Umherstreifen kommen sich alle immer wieder gegenseitig in die Quere. Nur zu bestimmten Zeiten, frühmorgens oder in den heißen Mittagsstunden, wenn die Busausflügler bei ihrem fest eingeplanten Mittagessen sitzen, spürt man, wie einen die außergewöhnliche Atmosphäre dieses Ortes erfasst. Die Vorratsräume mit den großen Tonkrügen für Öl und Weizen; die Werkstätten, in denen Juweliere, Schmiede und Töpfer Gebrauchsgegenstände und Schmuckstücke anfertigten, deren handwerkliche Qualität und Gestaltung bis heute unübertroffen sind; die königlichen Gemächer mit ihren geräumigen, lichtdurchfluteten Räumen; die lebendigen Fresken, auf denen Menschen bei ihrem alltäglichen Tun und alle möglichen Vögel, andere Tiere und Blumen zu sehen sind – Rebhühner, Delfine, Tintenfische, Lilien. All dies, selbst die kleinste Einzelheit, versetzt einen in Staunen, und man beginnt zu verstehen, was John D. Pendlebury, der mehr über den Palast des Minos wusste als irgendjemand sonst, mit seiner Bemerkung über die endgültige Zerstörung des Palastes meinte, die wahrscheinlich durch ein Erdbeben und den gleichzeitigen Ansturm von Invasoren herbeigeführt wurde: »An diesem stürmischen Frühlingstag zu Beginn des 14. Jahrhunderts v. Chr. verschwand etwas aus der Welt, was die Welt nie wiedersehen wird, etwas Bizarres vielleicht, etwas Fantastisches und Grausames, aber auch etwas Wunderschönes.«

Was Knossos von allen anderen minoischen Stätten auf Kreta unterscheidet, sind die Rekonstruktionen, die Sir Arthur Evans – er war inzwischen geadelt worden – größtenteils in den 20er-Jahren ausführen ließ. In seiner Begeisterung für die von ihm gemachten Entdeckungen, in dem Wunsch, die kurz zuvor freigelegten Überreste vor der Witterung zu schützen, und in dem Bestreben, die Anlage den Besuchern leichter begreiflich zu machen, begann er anhand architektonischer Details, die er auf Freskenfragmenten gefunden hatte, einige Gebäude zu rekonstruieren, wobei er Ziegelsteine, Metallträger und Zement verwendete, um die Säulen und Türstürze nachzubilden, die vom Feuer jener fernen Zeit zerstört worden waren.

Da seinerzeit eine sehr romantische Auffassung vom angemessenen Umgang mit den Überresten des Altertums herrschte, löste die Verwendung moderner Baustoffe hitzige Debatten aus. Die französische Presse titulierte Evans als »Ruinenbauer«. Seither wurde ihm häufig der Vorwurf gemacht, er sei zu weit gegangen und seine Deutung der Fresken sei zu subjektiv. Aber es besteht kein Zweifel, dass er einige bedeutende Gebäude vor dem Einsturz bewahrt hat, darunter das großartige Treppenhaus, das mit seinen fünf noch im Originalzustand erhaltenen Absätzen als architektonisch einzigartig gilt.

Knossos – Fresken am oberen Ende des Treppenaufgangs

Nicht rekonstruiert, insgesamt weniger bewundert und deutlich weniger überlaufen sind der Palast von Festos, der zweitgrößte minoische Palast, von dem aus man auf den Golf von Messara an der Südküste blickt, und der kleinere Palast von Agia Triada, der drei Kilometer näher an der Küste liegt. Beide antike Stätten sind reich an archäologischen Schätzen und bieten einen ausgezeichneten Blick über die Messara-Ebene zum Libyschen Meer. An sich bin ich nicht sehr anspruchsvoll, was die Erklärung antiker Ruinen betrifft. Es verschafft mir eigentlich keine große Befriedigung, wenn ich weiß, ob diese Nische oder jene tatsächlich als Hausaltar diente oder wie hoch eine Treppe hinaufführte oder wie bestimmte Wasserleitungen miteinander verbunden waren. Solche Angaben würde ich doch nur wieder vergessen. In den minoischen Palastanlagen etwas genau zu identifizieren bereitet einem ohnehin Kopfzerbrechen, denn die Hinweise sind spärlich und die Besucherinformationen vor Ort meistens noch spärlicher. Wenn man an einem Sommermorgen hier umherstreift, umgeben von all den Zeugnissen menschlichen Lebens in der Antike, den Olivenhainen und Weinbergen unten in der Ebene, den majestätischen Gipfeln des Psiloritis-Gebirges im Norden, und die warme Brise aus Afrika auf der Haut spürt, fällt es einem schwer, sich vorzustellen, wie man ein paar Stunden angenehmer verbringen könnte.

1908 wurde in einer kleinen Kammer in Festos einer der berühmtesten Funde in der Geschichte der minoischen Ausgrabungen gemacht: eine Scheibe aus gebranntem Ton von ungefähr 600 v. Chr., die später als Diskus von Festos bekannt wurde. Ihre Herkunft ist nach wie vor umstritten, aber offensichtlich stammt sie aus Kreta. Zurzeit wird sie im Archäologischen Museum in Heraklion aufbewahrt. Sie ist wirklich höchst erstaunlich: eine dicke Tonscheibe mit etwa 15 Zentimeter Durchmesser, vorne und hinten vollständig mit Bildzeichen bedeckt, insgesamt 241, die spiralförmig vom Rand zur Mitte verlaufen, darunter gehende Gestalten, federgeschmückte Köpfe, Schiffe, Schilde, Vögel, wilde Tiere und Insekten, alle sehr sorgfältig mit einer Art Stempel in den feuchten Ton gepresst. Und das mehrere Tausend Jahre vor Gutenberg!

Seit einem Jahrhundert bemüht man sich vergebens, diese Schrift zu entziffern, ohne dass man zu einem Ergebnis gelangt wäre. Verschiedene Theorien wurden aufgestellt. War es eine Hymne auf den Regengott, eine Bauanleitung, eine Proviantliste für die Streitkräfte, eine

Ode auf den Reigen der Götter? Einige ziemlich unwahrscheinliche Erklärungen wurden angeboten, und verschiedentlich versuchten Linguisten, die Herkunft des Textes aus dem Baskischen, Finnischen oder Ungarischen nachzuweisen.

Auf dem Rückweg nach Heraklion führt die Straße, bevor sie bei Agii Deka nach Norden abzweigt, an den Ruinen des antiken Gortis vorbei, einst eine minoische Stadt, die ihre größte Macht und Bedeutung jedoch in hellenistischer Zeit und vor allem unter den Römern entfaltete. Drei folgenschwere Landungen haben ihre Geschichte mitbestimmt. Die erste davon ist, wie könnte es auf Kreta anders sein, mythologischer Art. Zeus verliebte sich in Europa, eine Tochter des Agenor, des Königs von Phönizien, und nahm die Gestalt eines wunderschönen weißen Stiers an. Weil er so sanft schien, war das Mädchen ganz angetan von ihm und ließ sich überreden, auf seinen Rücken zu klettern. Doch ehe sie wusste, wie ihr geschah, ritt Zeus mit ihr aufs Meer hinaus in Richtung Kreta. Er brachte sie nach Gortis, wo sie sich liebten. Einer ihrer drei Söhne war Minos, dessen Thronsaal in Knossos wir 30 Sekunden lang betrachten durften. Also gab Kreta Europa nicht nur den Namen, sondern in Kreta nahm Europa überhaupt erst seinen Anfang, eine Tatsache, die den Kretern von jeher bewusst war.

Die zweite Landung ereignete sich im 1. Jahrhundert n. Chr. Damals wurde Titus, der Schüler des heiligen Paulus, von diesem zum ersten Bischof von Kreta ernannt und damit beauftragt, sich um die frühchristliche Kirche auf der Insel zu kümmern. »Ich habe dich in Kreta deswegen zurückgelassen«, schreibt der Apostel in seinem Brief an Titus, »damit du das, was noch zu tun ist, zu Ende führst ...« Paulus hatte, wie wir gesehen haben, keine allzu hohe Meinung von den Kretern. Titus wurde in Gortis zu Tode gemartert, und die Ruine der Kreuzkuppelkirche aus dem 6. Jahrhundert, die an der Stätte seines Martyriums errichtet wurde, gehört zu den eindrucksvollsten Gotteshäusern auf der Insel; drei Apsiden und ein Teil des Gewölbes sind erhalten geblieben. Unter den Römern wurde Gortis die Hauptstadt der Provinz Kreta und Kyrene, wuchs auf die Größe von einer Viertelmillion Einwohner an, und auch unter den Byzantinern, die die Insel 330 n. Chr. übernahmen, genoss die Stadt weiterhin Wohlstand und Ansehen.

Die dritte und letzte Landung war die der Sarazenen im Jahr 825. Gemäß ihrem üblichen Vorgehen auf der Insel suchten sie die Stadt mit Feuer und Schwert heim. Danach wurde sie nicht wieder aufgebaut.

Sagenumwobene Anfänge, eine Periode des Ruhms, vollständige Zerstörung – das ist ein bekanntes Muster in der Geschichte Kretas. Die Ruinen von Gortis strahlen eine abgrundtiefe Trostlosigkeit aus, wie ich sie nirgendwo sonst in den verfallenen Städten Kretas empfunden habe, wahrscheinlich deshalb, weil sie über eine so riesige Fläche verstreut sind. Sie erstrecken sich über mehrere Hektar zu beiden Seiten der Straße, über Brombeergebüsch, zugeschüttete Gräben, gepflügte Felder und Olivenhaine hinweg. Die einheimische Bevölkerung hat den Marmor der Tempel und den Granit der Kirchen zum Ausbessern ihrer eigenen Häuser verwendet. Vor allem südlich der

Straße, in dem Gebiet, das an den Fluss Mitropolitanos grenzt, liefert Gortis das Paradebeispiel für einen überall anzutreffenden Prozess: die Rückverwandlung von Gebäuden in Ruinen, von Ruinen in Schutt und von Schutt in Staub. Dadurch bekommt der Ort etwas Melancholisches, die besonderen Merkmale einer bestimmten Zeit oder Ära verwischen sich: Die Ruinen des römischen Gouverneurspalastes oder die Reste des griechischen Tempels des pythischen Gottes Apollo wirken nicht älter als die verfallenen Mauern eines aufgelassenen Schafstalls. Es ist wie bei den Menschen: Die Toten gehören nur einem einzigen Staat und einer einzigen Epoche an.

Doch am Ende retten einen vor der Melancholie stets die Lebendigkeit und Herzlichkeit der Menschen und der unfehlbare Charme der Landschaft, die das Zufällige oder Ungeplante in ein denkwürdiges Erlebnis verwandeln kann. Die Region nordwestlich von Gortis ist auf spektakuläre Weise schön. Als wir einmal vom Dorf Vorizia zum Kloster Valsamonero wanderten, bogen wir falsch ab. Wir bemerkten unseren Irrtum zwar nach einer Weile, gingen aber den eingeschlagenen Weg weiter, fasziniert von der Wildnis, der Reinheit des Lichts in diesen Bergen – das einem vorkommt, als wäre es das erste Licht auf Erden – und dem Schattenspiel auf den noch schneebedeckten Gipfeln im Norden. Dabei standen die Olivenbäume bereits in Blüte, und die Luft war erfüllt von Vogelgezwitscher. Diese unglaublich alten Olivenbäume mit ihren gewundenen, knorrigen Stämmen. Bei ihrem Anblick leuchtet einem sofort ein, weshalb es in den griechischen Mythen und bei den lateinischen Dichtern, die sie geerbt haben, so viele Erzählungen über Verwandlungen gibt. Versepen über Menschen, die dadurch dem Tod oder der Schändung entgehen, über Götter, die plötzlich ihr Mitgefühl entdecken und in letzter Sekunde rettend eingreifen, über Pflanzen, die darum ringen, Menschen zu werden, und über Menschen, die sich von der Verwandlung in Pflanzen Rettung erhoffen.

Olivenbäume wurden auf Kreta bereits 2000 Jahre vor Christus kultiviert. Betrachtet man ihren gichtigen Wuchs, glaubt man gern, dass manche dieser Bäume aus dieser Zeit stammen. Natürlich stimmt das nicht ganz, aber einer der ältesten Olivenbäume Europas mit mehr als 2000 Jahresringen steht auf Kreta, in Loutro in der Region Sfakia. Alle Olivenbäume, die heute mehr als zwei Meter Umfang haben, wurden bereits im Mittelalter gepflanzt.

Der Pfad führte hinauf in die Berge, wo hoch über unseren Köpfen Raben in den Felsen nisteten, unter uns ein Turmfalke kreiste und sich oberhalb der Olivenbäume große, mit grandiosen griechischen Kiefern bewachsene Flächen ausbreiteten, Bäumen, die man in Höhen unter 700 Meter nur selten sieht. Die Kiefer ist Pan geweiht, dem Gott der Schafhirten. Er und Vorias, der Nordwind, verliebten sich in die Nymphe Pitys. Sie erwählte Pan, weil er weniger aufbrausend und ungestüm war. Aus Rache blies Vorias sie von einer Klippe. Pan fand sie, als sie bereits im Sterben lag, und verwandelte sie in diesen heiligen Baum, der zur Erinnerung an sie Pitys genannt wird. Seither weint sie jedes Mal, wenn der Nordwind weht, Tränen aus Harz, das im Herbst von ihren Zapfen tropft.

Wir wanderten an jenem Tag eine ziemlich lange Strecke und bekamen auf dem Rückweg ein paar Orangen von ernsten, höflichen Menschen geschenkt, die uns offenbar für verrückt hielten, weil wir in den Bergen umherkletterten, obwohl dafür keine Notwendigkeit bestand. Ich bedankte mich auf Griechisch, was ihnen vielleicht zumindest bewies, dass wir nicht von einem völlig anderen Stern stammten. Da es zu dämmern begann, hatten wir keine Zeit mehr, das Kloster Valsamonero mit seinen herrlichen Fresken aus dem 14. und 15. Jahrhundert zu besuchen, die teils von Konstantinos Rikos stammen und zu den schönsten Kretas zählen. Immerhin hatte uns das Kloster einen großartigen Ausflug beschert, und mehr kann man eigentlich nicht verlangen. Was der griechische Poet Konstantinos Kavafis aus Alexandria in seinem Gedicht über Ithaka sagte, das Königreich des Odysseus, in das dieser auf dem Heimweg von Troja nach vielen überstandenen Abenteuern zurückkehrte, gilt auch für Kreta: Es hat keinen Sinn, etwas von der Insel zu erwarten, wenn man endlich dort angekommen ist; denn dann hat sie einem bereits das größte Geschenk gemacht – die Reise selbst.

In Gortis gibt es ein Baudenkmal, das ähnlich wie die Olivenbäume die Zeiten überdauert hat und ebenso stark verwurzelt ist. Als man hier um 100 n. Chr., zur Zeit Kaiser Trajans, das Odeon errichtete, einen überdachten Theaterbau, wurde dabei eine sehr viel ältere Mauer einbezogen, die bereits zuvor Teil mehrerer Gebäude gewesen war – eine Mauer aus Steinblöcken, in die in altem dorischem Griechisch Gesetzestexte aus dem 5. Jahrhundert v. Chr. eingeritzt sind. Die Inschrift umfasst mehr als 600 Zeilen und verläuft abwechselnd von links nach rechts und dann in Spiegelschrift von rechts nach links, so dass man sie fortlaufend lesen kann. Soweit man weiß, handelt es sich um die ersten in Europa schriftlich festgehaltenen Gesetze und eines der erstaunlichsten historischen Dokumente überhaupt.

Dabei wird hier keineswegs das Prinzip der Gleichheit vor dem Gesetz betont, das uns so viel bedeutet, auch wenn es heutzutage eher missachtet als befolgt wird. Dies sind die Gesetze einer Gesellschaft, die noch stammesmäßig organisiert war und in der eine strenge Unterscheidung nach Kasten herrschte. Die Strafe für die Vergewaltigung einer freien Frau betrug 1200 Obolusse, während die Vergewaltigung einer Haussklavin mit einer Buße von 1 bis 24 Obolussen geahndet wurde, »je nach den Umständen«. Was uns heute daran so erstaunt, ist nicht die besondere Auffassung von Gerechtigkeit, die aus den Texten spricht, sondern die Ehrerbietung, mit der sie über einen so großen Zeitraum hinweg behandelt wurden, die Schönheit der Schrift, die Tatsache, dass diese beschrifteten Steine immer wieder in ein neues Gebäude eingefügt wurden, wenn das alte zerfiel. Und so ungerecht die Gesetze auch sein mochten, sie sind ein frühes Beispiel für das Streben nach Ordnung, nach Schutz vor Gewalt und Chaos, das jeder menschlichen Gemeinschaft eigen ist. Die Form des Odeons kann man noch erkennen: den Halbkreis des Amphitheaters, ein paar Bänke, doch das meiste ist kaum mehr als verfallener Stein. Die Gesetzestexte von Gortis hingegen sind nach wie vor unbeschadet, ein dauerhaftes Zeugnis für den Grundsatz eines verbindlichen Rechts. Mittlerweile werden wie zum Schutz vor der Witterung in einem aus Ziegeln gemauerten Unterstand aufbewahrt. Dort sind sie auch vor den Menschen geschützt; man kann sie nur aus einiger Entfernung durch ein Gitter hindurch betrachten.

Wenn man gesehen hat, wo die Menschen gelebt haben, die wir als Minoer bezeichnen, und sich einen gewissen Eindruck von ihrer Umgebung und ihren Lebensumständen verschafft hat, liegt es natürlich nahe, sich als Nächstes mit ihren Erzeugnissen zu beschäftigen. Was auch immer man gegen die Attraktivität des modernen Heraklion einwenden mag, das Archäologische Museum der Stadt gehört zu den schönsten seiner Art, und seine Sammlung minoischer Artefakte ist einzigartig. Hier findet man, wunderbar Saal für Saal dargeboten, die Gegenstände, in denen sich der Geist jener fernen Kultur manifestiert hat und an denen sich deutlich nachvollziehen lässt, wie dieser Geist sich entwickelt und gewandelt hat, von den Anfängen im Neolithikum vor 10 000 Jahren über die Hochkultur der Palastzeit zwischen 2000 und 1450 v. Chr. bis zur Zeit der Invasion vom Festland her und dem anschließenden Niedergang.

Unter der Vielzahl von Ausstellungsstücken aus allen minoischen Ausgrabungsstätten – Knossos, Malia, Festos, Tylissos, Zakros, Agia Triada und Gournia – befinden sich einige, die so berühmt und rätselhaft sind, dass sie fast schon legendären Charakter haben. Dazu zählt der bereits erwähnte Diskus von Festos, jene kunstvoll gearbeitete, verblüffende Scheibe, in deren weichen Ton vor weit über

2500 Jahren Bildzeichen gestempelt wurden – das erste gedruckte Dokument überhaupt. Dazu gehört auch der Sarkophag, den man in einem Grab im Palastbezirk von Agia Triada gefunden hat. Seine Oberfläche ist vollständig mit bemaltem Gips bedeckt, auf dem Szenen der rituellen Verehrung und des Totenkults zu sehen sind. Wieder einmal müssen wir uns mit Spekulationen begnügen. Der Krug, den die Priesterin gerade leert, enthält er vielleicht Blut? Was bedeutet der schwarze Vogel, der zwischen zwei Doppeläxten sitzt, oder das Schiffsmodell, das ein Mann einem anderen hinhält?

Solche Dinge erinnern uns daran, dass es trotz aller Geduld, die wir vielleicht aufbringen, und trotz aller Forschungsmittel, die uns zur Verfügung stehen, eine Welt der Werte und des Glaubens gibt, die sich unserem Verständnis für immer entzieht.

Dann ist hier die berühmte Elfenbeinfigur des Stierspringers zu bewundern, die genau den Augenblick einfängt, in dem er sich auf den Nacken des Stiers schwingt, um seinen erstaunlichen Salto zu schlagen und danach auf der anderen Seite des Tiers wieder auf den Füßen zu landen. Die Muskulatur und die gesamte Anatomie scheinen absolut naturgetreu nachgebildet zu sein, bis man erkennt, dass Arme und Beine länger sind, als sie sein dürften – eine Technik, die wir auch aus der zeitgenössischen Kunst kennen, der damals aber revolutionär war und angewendet wurde, um die Anmut der Bewegung ohne einen Verlust an Körperspannung zu zeigen. Die Haare des Stierspringers sind aus einzelnen Bronzefäden gefertigt. Priester, Gladiator, gläubiger Mensch, Sklave, bewunderter Athlet – was mochte er wohl gewesen sein?

Aus derselben Periode und ebenfalls aus dem Palast von Knossos stammen zwei Fayence-Figurinen von Schlangengöttinnen, eine etwas größer als die andere, so dass es sich um Mutter und Tochter handeln könnte, beide mit vorspringenden nackten Brüsten, einem kunstvollen Gewand und um Arme und Körper gewundenen Schlangen; die kleinere hält zudem in jeder Hand eine aufgerichtete Schlange. Die Minoer beteten dieses Tier an, denn für sie verkörperte es Ewigkeit, Unsterblichkeit und Wiedergeburt. Die Figuren wurden für kleine Hausaltäre angefertigt und als Hausgöttinnen und Beschützerinnen des Hauses verehrt.

Krönender Höhepunkt des Museums ist für viele Besucher der Raum mit der schwarzgrundigen Kamares-Keramik, die aus der Älteren Palastzeit stammt. Diese wunderschönen Gegenstände sind nach der Kamares-Höhle am Südhang des Psiloritis benannt, wo eine große Anzahl davon entdeckt worden war. Italienische Archäologen, die in den 90er-Jahren des 19. Jahrhunderts die Höhlen dieser wilden, zerklüfteten Region erforschten, stolperten über einen Schatz bemalter Tongefäße, von denen einige zerbrochen, andere jedoch noch unversehrt waren – Schüsseln, Becher, Krüge, Amphoren, alle von einzigartiger Qualität. Das war zu einer Zeit, als man noch kaum etwas über die Minoer wusste. Man hatte dieser frühen Kultur noch nicht einmal einen Namen gegeben, und die Ausgrabungsarbeiten in Knossos standen noch ganz am Anfang. Ohne etwas über diese Entdeckung gelesen zu haben, male ich mir gerne aus, wie die italienischen Forscher nach und nach mit wachsender Freude die Tragweite ihres Fundes begriffen, als sie in den Winkeln der Höhle herumstöberten und das Licht ihrer Lampen auf diese vielen Tongefäße fiel, die so lange kein Mensch zu Gesicht bekommen und bewundert hatte und deren leuchtende Farben sich im Dunkel der Höhle erhalten hatten.

Heute wissen wir, was damals niemand wissen konnte, dass nämlich die meisten dieser Gefäße aus den Palastwerkstätten von Knossos und Festos stammen. Sie veranschaulichen auf wunderbare Weise das Gespür der Minoer für Dynamik und Bewegung, dargestellt durch ineinander verflochtene Muster. Die Tentakel eines Tintenfischs, die Triebe und Ranken einer Pflanze, die Wedel einer Palme verweben sich mit verschlungenen Ornamenten, die Spiralen und Kringel bilden und dann wieder in sich selbst münden, so dass man sich abermals an die Sage vom Labyrinth erinnert fühlt, an diese scheinbar endlosen Räume und Anbauten in den Palästen. Vielleicht war das Labyrinth, als Idee und Gestaltungsmuster, ein grundlegendes Element im Empfinden der Minoer.

Wir schlenderten in diesem großartigen Museum von Saal zu Saal und konnten dabei die Entwicklung einer Kultur, die Suche nach Formgebung verfolgen, die trotz aller geschmacks- und modebedingter Umwege auch eine Suche nach dem Sinn ist. Hier kommt ein stark religiöses Empfinden zum Ausdruck, die Freude an von der Natur vorgegebenen Formen und das Vergnügen am Sinnlichen. Nirgends gibt es eine Darstellung vom Krieg. Das Volk der Minoer lebte in seiner Epoche weit gehend ohne

Bedrohung von außen. Die einzige Möglichkeit, Kreta anzugreifen, war auf dem Seeweg, und dafür benötigte man eine starke Flotte; doch die hatte damals offenbar keine andere Macht im Mittelmeerraum außer den Kretern. Das minoische Königreich war eine Thalassokratie, ein Seereich. Die Minoer trieben Handel mit Völkern nah und fern, sie gründeten Kolonien, befreiten die Schifffahrtswege von Piraten, aber sie schlugen keine Schlachten auf ihrem eigenen Boden, außer jenen letzten, die ihr Ende bedeuteten.

Ein Zusammentreffen unglücklicher Umstände führte zum Untergang der Minoer. Zwischen 1500 und 1450 v. Chr. gab es auf Kreta mehrere Erdbeben, die die Sitze der Herrscher so beschädigten und die Insel so schwächten, dass sie genau zu der Zeit anfällig für Invasoren wurde, als Mykene auf dem griechischen Festland immer mächtiger wurde. Die Mykener waren die Ersten, die die Insel besetzten. Nach ihnen kamen griechische Volksstämme aus dem Norden mit ihrem Himmelsgott und ihren eisernen Waffen. Die Eroberer waren primitiver als ihre Opfer und daher unfähig, das, was sie vorfanden, aufzugreifen oder zu adaptieren, und das, was sie zerstörten, durch etwas Neues zu ersetzen. Es war der Beginn eines finsteren Zeitalters im östlichen Mittelmeerraum, das einige Jahrhunderte andauern sollte. Die Paläste wurden nicht wieder aufgebaut, geschweige denn wieder bewohnt, da die Invasoren sie für unheimliche, verwunschene Orte hielten. Die Schrift verschwand vollständig; die wenigen Kunstwerke, die in dieser Zeit entstanden, wirken unbeholfen und dilettantisch.

Bei den Exponaten in den letzten Sälen im Erdgeschoss ist dieser Niedergang der minoischen Kultur fast mit Händen zu greifen. Er mutet wie ein Gebrechen an, so als sei der kollektive Geist dieses begnadeten Volkes von einer Art kultureller Alzheimer-Krankheit heimgesucht worden. Man sieht dies an der zunehmenden Zahl großer, grobschlächtiger Terrakotta-Figuren von Göttinnen mit derben, ausdruckslosen Gesichtern, deren Brüste aus runden Tonklumpen bestehen. Sie haben die Arme zur üblichen Gebetspose erhoben. Tritt man ein paar Schritte zurück und betrachtet diese Figuren aus größerer Entfernung, erscheinen sie einem wie Wesen, die mit erhobenen Armen und stumm vor Gram ihren Untergang und den Verlust ihrer zerstörten Welt betrauern.

Im Stockwerk darüber jedoch kehrt wieder eine gewisse Leichtigkeit zurück. Die Säle hier sind den minoischen Wandmalereien gewidmet, deren unbestrittene Qualität sich in Fröhlichkeit, Eleganz und leuchtenden Farben zeigt. Eher zweifelhaft hingegen ist die Akkuratesse, mit der einige dieser Fresken aus zum Teil sehr kleinen Fragmenten rekonstruiert wurden. Beim Zusammenfügen der Bruchstücke war zwar viel Sachverstand im Spiel, aber auch eine beträchtliche Menge zweifelhafter Genialität und Wunschdenken. Das vielleicht berühmteste Beispiel dafür und eine der bekanntesten minoischen Fresken überhaupt ist der »Prinz mit den Lilien«, wie er trotz allem immer noch genannt wird. Zu sehen ist eine Gestalt mit Wespentaille, nackt bis auf einen Lendenschurz, die eine Girlande aus Lilien und eine Federkrone trägt und mit einem Tier an der Leine, angeblich einem Greifvogel, zwischen Blumen hindurchspaziert. Nach Arthur Evans persönlicher Einschätzung passten die Fragmente, aus denen der Prinz zusammengesetzt worden war, überhaupt nicht zusammen; der Kopf gehört einem König oder Gott, der Torso einem Athleten, der übrige Körper jemand ganz anderem. Aber wer würde sich schon mit einem Haufen bemalter Gipsstückchen zufrieden geben, wenn er daraus auch einen Prinzen zusammensetzen konnte? Evans erlag, wie schon etliche Male zuvor, der Versuchung, der von ihm entdeckten Welt etwas Glanz hinzuzufügen. Womöglich wollten ihm die Restauratoren eine Freude machen, als sie eigenmächtig einige Stücke übermalten, um dem Ganzen den Anschein von Einheitlichkeit zu verleihen.

Ein halbes Jahrhundert lang blieb der Prinz unhinterfragt, bis man 1960 durch Zufall entdeckte, dass das angeleinte Tier keineswegs ein Greif war, sondern eine Sphinx, und dass zudem eigentlich die Sphinx und nicht der Mann den gefiederten Kopfputz tragen müsste. Ist der Glaube erst einmal ins Wanken geraten, mehren sich die Zweifel. Man stellte fest, dass der Hals der Gestalt in einem äußerst merkwürdigen Winkel zum Oberkörper steht, dass die Körperhaltung rein anatomisch gar nicht möglich ist und der Mann kein Tier welcher Art auch immer führen kann, sei es nun ein Fabelwesen oder eines aus der realen Welt. Vor einiger Zeit wurde schließlich erklärt, es handle sich überhaupt nicht um einen Prinzen, sondern um den Gott der ewigen Jugend, der von zwei mit gefiedertem Kopfschmuck gekrönten Sphingen flankiert wird. Aber wenn er ein Gott ist, so wurde weiter gefragt, weshalb entspricht dann seine Haartracht der, die sonst in der kretischen Kunst bei Priesterinnen üblich ist?

Und so geht es weiter und weiter. Natürlich ist die Darstellung, die hier präsentiert wird, in fast jeder Hinsicht falsch. Das Einzige, was daran stimmt, sind die Lilien. Auch wenn man nicht von Betrug sprechen kann, handelt es sich doch um eine lange aufrechterhaltene Täuschung. Aber spielt das denn eine Rolle? In den hundert Jahren, seit der Prinz zusammengesetzt wurde, hat er symbolische Kraft erlangt. Das Fresko ist ein falsches Bild, das durch seine Präsentation vor Millionen von Menschen echt geworden ist und unsere Vorstellung vom reinsten Ausdruck der Eleganz und des lebhaften Geistes der Minoer wiedergibt. Das Original wird nach wie vor zusammen mit den wertvollsten Ausstellungsstücken des Museums gezeigt, und eine Kopie ist immer noch in der Säulenhalle am Südeingang des Palastes von Knossos zu sehen, wo Evans sie 1901 anbringen ließ – ein schlagender Beweis für die Macht von Bildern, die objektiven Kategorien Echt und Falsch außer Kraft zu setzen.

6

## *Friede mitten im Tumult*

Östlich von Heraklion liegt Lassithi, die vierte Provinz Kretas, mit einer fast kreisrunden Hochebene in der Mitte und der weiten, offenen Mirabello-Bucht, die im Norden von einer Landspitze und der Halbinsel Spinalonga abgeschirmt wird.

Bergplateaus sind, wie Höhlen und Schluchten, ein besonderes Merkmal Kretas; es gibt Dutzende oder Hunderte davon, je nachdem, welche Größenordnung man zu Grunde legt. Die Lassithi-Hochebene ist jedenfalls die größte ebene Fläche auf der Insel. Ungefähr oval und auf allen Seiten von höheren Bergen umgeben, liegt die 30 Quadratkilometer große Ebene fast 1000 Meter über dem Meeresspiegel, gesprenkelt mit Tausenden steinerner Windmühlen, die die Venezianer errichtet haben, um den Boden zu bewässern. Mit ihren Flügeln aus Stoff bieten sie ein malerisches Bild und ziehen viele Touristen an; inzwischen wird ihre ursprüngliche Aufgabe freilich meist von gasbetriebenen Pumpen erledigt. In dieser fruchtbaren Region gedeihen Obst und Gemüse im Überfluss. Und obwohl die meisten Windmühlen nicht mehr in Betrieb sind, lohnt sich die 25 Kilometer lange, kurvenreiche Fahrt von Neapolis wegen der spektakulären Ausblicke und weil man dort eine Agrarwirtschaft erlebt, die Hektar für Hektar äußerst produktiv ist.

Die meisten Besucher kommen untertags mit dem Bus auf die Lassithi-Hochebene und bleiben nur ein paar Stunden. Für ein so kleines Gebiet ist der Ansturm beträchtlich, doch am frühen Abend sind fast alle wieder fort, und in den Dörfern rings um die Ebene verläuft das Leben wieder in den gewohnten Bahnen. Der Menschenstrom wird aufgenommen und ausgestoßen, ein- und ausgeatmet wie Luft von den Lungen. Natürlich stört er den Lebensrhythmus der Menschen, die hier leben, aber er zerstört ihn nicht.

Bei einigen Strandabschnitten im Norden ist das leider anders. So bietet der Stadtrand von Elounda auf der Westseite der Mirabello-Bucht eines der schlimmsten Beispiele für eine ungezügelte, willkürliche Bauwut, die in dem hastigen Bestreben, möglichst schnell vom Tourismusboom zu profitieren, um sich gegriffen hat.

Als wir die schmale Straße mit den vielen Haarnadelkurven zum Hotel hinauffuhren, sahen wir ein Auto, Opfer eines Unfalls, verlassen am Straßenrand stehen. Während der ganzen Zeit unseres Aufenthalts stand immer ein kaputtes Auto an dieser Stelle, doch das eigentlich Erschreckende war, dass es sich immer wieder um ein anderes handelte. Da uns dies ein Beweis für häufige Zusammenstöße auf dieser Strecke zu sein schien, wollten wir lieber den Bus nehmen. Soweit wir verstanden hatten, bestand eine Vereinbarung zwischen dem Hotel und dem Busunternehmen, dass die Busse beim Hotel halten sollten, um die Hotelgäste mitzunehmen. Allerdings schienen die Busfahrer nichts davon zu wissen und rauschten an uns vorbei, so dass wir schließlich zum Hotel zurücktrotteten und doch den Wagen nahmen.

Aber das war nur ein kleines Ärgernis. Was man hingegen mit dem Ort selbst angestellt hatte, bestürzte uns. Schon seit Jahren hat man in Elounda unablässig ein Hotel und ein Apartmenthaus nach dem anderen hochgezogen, ohne die geringste Rücksicht darauf zu nehmen, dass die Höhenwege an der Küste und der Strand zugänglich blieben. Es war eine Menge Geld verbaut worden, sowohl aus öffentlicher als auch aus privater Hand, aber nur wenig war in Projekte geflossen, die nicht unmittelbar Gewinn abwarfen, wie etwa Verbindungsstraßen, öffentlicher Nahverkehr oder allgemeine Dienstleistungen. Die Straßen, die zu den am meisten befahrenen der ganzen Region zählen, sehen mehr oder weniger aus wie immer, das heißt, sie sind schmal, nachlässig gebaut und holperig, dabei zunehmend von Abgasen verpestet und gefährlich. Die Nebenstraßen, die zum Strand hinunterführen, wurden während des Baubooms seitlich stark beschnitten und sind jetzt stellenweise so schmal, dass zwei Autos nicht ohne kompliziertes Manövrieren aneinander vorbeifahren können; sie verlaufen eingezwängt zwischen den Mauern von Hotelanlagen, die sich im Streben nach einer höheren Klassifizierung und dem Blick aufs Meer wie Kletterpflanzen im Dschungel um die Wette immer höher die Hänge hinaufranken.

Ein traumhaftes Meer. Von unserem Balkon und vom Swimming-Pool aus konnten wir ein Stück davon sehen.

Aber versuchen Sie mal hinzukommen! Im Großen und Ganzen gibt es für die Gäste dieser Hotels und Apartmentanlagen keinerlei Möglichkeit, die Umgebung zu erkunden. Jedenfalls nicht zu Fuß. Das wäre kein Vergnügen, denn dafür sind die Straßen viel zu unangenehm und zu gefährlich. Und man muss auf der Straße gehen, weil alles andere abgesperrt und eingezäunt ist.

Das Ergebnis dieser Entwicklung sind, in der Umgebung von Elounda wie auch anderswo an der Nordküste Kretas, abgeflachte, in Grundstücke aufgeteilte Hügel, schmale Streifen Niemandsland, die auf ihre Erschließung warten, hin und wieder ein paar Äcker voller Unkraut und Gestrüpp, zuweilen vielleicht ein kleiner Olivenhain, an dem noch irgendjemand festhält und der mit Stacheldraht umzäunt ist. Hie und da sieht man leer stehende, unfertige Häuser ohne Dach, deren Betongerippe schon dunkelgrau geworden ist und die auf den nächsten Ausbruch von Wohlstand bei ihrem Besitzer warten, zu einer weiteren Touristenunterkunft dieser oder jener Art zu werden. Ausgedehnte Küstenabschnitte dieser früher einzigartig schönen Insel mit ihrer langen Besiedelungsgeschichte, ihrer zerklüfteten und zugleich sanften Landschaft – eine Mischung, die daraus entstand, dass die Menschen hier in Harmonie mit ihrer Umgebung lebten –, wurden in nur wenigen Jahrzehnten ihrer Atmosphäre und Ausgewogenheit beraubt.

Freilich hat es wenig Sinn zu fragen, welche Mischung aus Gier, Ignoranz, Mangel an Bürgersinn und Umweltbewusstsein diese Situation herbeigeführt hat. Gefehlt hat genau das, was immer fehlt, in Kreta wie an tausend anderen Orten: die Zusammenarbeit zwischen Bürgern und Verwaltung, die Fähigkeit der einzelnen, oft von jeher armen Gemeinden, dem Einfluss des Geldes zu widerstehen und damit auf lange Sicht besser zu fahren, Raum zu bewahren für andere Formen der Nutzung durch den Menschen als nur die des Geldausgebens, das Land für die Menschen zu öffnen, statt es einzuzäunen. Doch das würde bedeuten, sich etwas ganz und gar Unzulässiges einzugestehen, nämlich dass dauerhaftes Wachstum eine Schimäre ist, dass der Fluss austrocknen kann, dass man keine unbegrenzte Anzahl von Menschen auf begrenztem Raum unterbringen kann, auch wenn diese das Geld mit vollen Händen ausgeben, und dass die fortgesetzten Versuche, dies zu erreichen, genau das zerstören, weswegen diese Menschen überhaupt herkommen.

Solch düstere Gedanken beschäftigten uns, wurden dann aber wieder zerstreut, vertrieben von der reinen, unveräußerlichen Schönheit der Insel, die trotz aller brutalen Misshandlung noch immer vorhanden ist. In erster Linie liegt das am Licht. Selbst die verheerend zugerichteten Hänge von Elounda wirken in dem segensreichen kretischen Sonnenlicht manchmal unversehrt und ganz.

Beim Wechsel der Jahreszeiten, vom Frühling zum Sommer oder vom Sommer zum Herbst, gibt es Tage mit einem raschen Übergang von bedecktem Himmel zu klarem Wetter, bei dem Kontraste außergewöhnlich stark hervortreten. Der Dunst verzieht sich, und einige Augenblicke lang wird alles von einem Bündel glänzender Lichtstrahlen erfasst, die kleinste Farbnuance des Meeres, jedes Detail am Horizont wird glasklar, fast wie bei einer Halluzination. Blickt man von Elounda nach Südosten, sieht man weit draußen in der Bucht die kleine Insel Psira plötzlich so deutlich, als hätte jemand einen Schleier weggezogen, während über der gerade noch erkennbaren Landzunge von Mochlos weiterhin blassvioletter Nebel hängt und man die Trennlinien zwischen Meer, Land und Himmel nur erahnen kann. Bei diesem Wetter durchläuft der Mond verschiedene Spektralfarben, zuerst Dunkelrot, wenn er über den Felsen aufsteigt, später dann Golden und Weiß, sobald der letzte Dunst gewichen ist.

Und auch hier gilt, dass man, wenn man sich ein bisschen bemüht, die Menschenmassen hinter sich lassen und an Stellen gelangen kann, wo man noch den Zauber der Einsamkeit spürt. Fährt man von dem verbauten Elounda aus die Küstenstraße knapp fünf Kilometer nach Norden, gelangt man in das friedliche Örtchen Plaka mit Kiesstrand, glasklarem Wasser und Tavernen am Ufer, die frischen Fisch anbieten. Wir verließen die Straße und folgten einem Feldweg nach Norden, direkt über dem Meer am Hang entlang. Nach zehn Minuten waren wir völlig allein und brachen zu einem unvergesslichen Spaziergang auf.

Hier gab es keine Häuser, keine Autos, und an dem Tag, an dem wir unterwegs waren, auch keine Menschen außer einem jungen finnischen Paar, das sich gerade auf den Weg machte, als wir zurückkehrten. Man trifft nur selten einen Kreter, der zum Vergnügen zu Fuß geht. Für die Menschen hier scheint das etwas Sinnloses, Überflüssiges und vielleicht sogar leicht Verrücktes zu sein.

Die einzigen Geräusche an diesem Sommertag waren Vogelgezwitscher und anfangs ferne Stimmen vom Meer, vom anderen Ufer her, wo an der Inselfestung Spinalonga, gleich hinter dem buckligen Vorgebirge gleichen Namens unter uns, ganze Schiffsladungen Menschen von Bord gingen. Die kleine Insel hat eine bewegte Geschichte, die einen in mancher Hinsicht frösteln lässt, obgleich sie auch Schauplatz einer beispiellos bewegenden und mutigen menschlichen Unternehmung war.

Als die Venezianer beschlossen, die Insel zu befestigen, um die Westseite der Bucht und die geschützten Ankerplätze südlich des Vorgebirges zu sichern, beherrschten sie Kreta bereits seit über 300 Jahren. Die Ruinen der von ihnen erbauten Festung sind weitläufig und gut erhalten, wenn auch überwuchert und gefährlich zu erkunden. Geschickt wurden die hohen, zinnenbewehrten Mauern an der Nordseite über der Grabenböschung – von hoch oben von unserem Weg aus gut zu erkennen – in den Granit eingepasst, aus dem die Insel besteht. Das ganze Bauwerk ist ein eindrucksvolles technisches Meisterwerk. Und so war die Insel buchstäblich uneinnehmbar und fiel den Türken auch erst knapp ein halbes Jahrhundert nach der Eroberung Kretas im Jahr 1669, nämlich 1715, in die Hände. Und auch da nicht durch Anwendung von Gewalt, sondern per Vertrag.

Aus den wenigen in der Garnison stationierten osmanischen Truppen wuchs bis Ende des 19. Jahrhunderts eine stattliche Bevölkerung von mehr als tausend Familien türkischer Abstammung heran, die sich alle dem blühenden Schmuggelgewerbe verschrieben hatten. Es war ein so einträgliches Geschäft, dass sich die Türken von Spinalonga selbst nach der Unabhängigkeitserklärung Kretas im Jahr

1898 weigerten, ihre Häuser zu verlassen. 1903 flohen sie dann allerdings in Scharen, weil die kretische Republik unter Prinz Georg beschloss, die Insel zu einer Leprakolonie zu machen. Beryl Darby hat die Geschichte dieser Kolonie erzählt, und viele der folgenden Angaben verdanke ich ihrer glänzenden Schilderung.

Zu jener Zeit gehörte Lepra noch immer zu den gefürchtetsten Krankheiten, zum einen wegen der hohen Ansteckungsgefahr, zum anderen wegen der schrecklichen Entstellungen und des fortschreitenden körperlichen Verfalls, die damit einhergingen. Und da sie so gefürchtet war, wurden die Erkrankten wie Ausgestoßene behandelt, eben wie Aussätzige. Hunderte von Leprakranken, Männer wie Frauen, wurden aus den Hütten und Höhlen, in denen sie über ganz Kreta verstreut hausten, hierher gebracht. In den Anfangsjahren erging es ihnen sehr schlecht in der Isolation auf dieser Insel, abgeschoben und vergessen litten sie oft große Schmerzen und mussten sich ohne medizinische Hilfe durchschlagen und ohne regelmäßig mit Nahrung und frischem Wasser versorgt zu werden; auch konnten sie die für diese Krankheit typischen eiternden Wunden nicht behandeln. Uns jedoch bot sich ein friedlicher Anblick: das glitzernde Wasser in der Bucht, der Fährverkehr von Agios Nikolaos und Elounda. Aber wenn diese kleine Insel ihre Vergangenheit mit einem Laut ausdrücken könnte, wäre das ein einziger Schmerzensschrei.

Im Lauf des Jahrhunderts verbesserte sich die Situation, als ein neues Kontingent Leprakranker von Athen nach Spinalonga verfrachtet wurde. Dabei handelte es sich hauptsächlich um gebildetere, weniger schicksalsergebene Leute, darunter einige Anwälte und Lehrer. Diese taten alles, was in ihrer Macht stand, um mit Hilfe der bereits dort lebenden Kranken ein Gemeinwesen einzurichten. Sie setzten die von den Türken verlassenen, baufälligen Häuser in Stand und brachen sogar eigenhändig die dafür erforderlichen Steine. Sie bauten Zisternen, um Regenwasser zu sammeln, und kochten an den offenen Feuerstellen in der alten türkischen Wäscherei Wasser ab, mit dem sie ihre Wunden säuberten. Und sie druckten eine Zeitung, in der sie über die Neuigkeiten auf der Insel berichteten, bauten ein Theater und führten dort Stücke auf. Vor allem aber übernahmen sie die Verantwortung füreinander, die Stärkeren kümmerten sich um die Schwächeren und sorgten dafür, dass keiner einsam starb. Es ist eine Geschichte von Mut und Zusammenhalt unter schlimmsten Bedingungen, die in den Annalen des Heldentums einen Ehrenplatz einnehmen sollte.

Die letzten Leprakranken von Spinalonga, 30 an der Zahl, wurden 1957 in Krankenhäuser auf dem Festland gebracht. Es ist ein merkwürdiges Erlebnis, jetzt zwischen den halb verfallenen Häusern der Kranken und den weitläufigen Ruinen des Forts umherzuschlendern, dort wo einst die Garnison der Eroberer, aber auch die Gemeinschaft der Kranken lebte und starb. In einer Geisterstadt mit verrottendem Holz, schiefen Mauern und lose hängenden Fensterläden.

Aber ein paar Spuren des früheren Lebens sind erhalten geblieben. So gibt es noch den Desinfektionsraum und die Apotheke der Leprakranken und auch ein paar Zeugnisse häuslichen Lebens: einen alten Korb auf einem Regal, einen Schrank, dessen Türen schief in den Angeln hängen, rote Geranien über einem Eingang.

Der Pfad führte weiter bergauf, und wir ließen Spinalonga hinter uns. Vor uns lag die Mirabello-Bucht, die sich im Osten bis Sitia erstreckt und an der sich eine bergige Landzunge an die andere reiht. Landeinwärts steigen die Berge steil an, typisch für sie ist das dunkle Grün der Johannisbrotbäume mit den helleren Hülsenbüscheln und die kuppelförmig wachsende, beharrlich blühende Felsenheide, die hie und da zu einem warmen Rotbraun verblasst ist. Die Vormittagssonne entlockte den Sträuchern um uns herum betörende Duftwolken. Man kann die kretische Macchia nach Herzenslust durchstreifen, denn weder hier noch sonstwo auf der Insel lauern Giftschlangen, was den Wanderer sehr beruhigt; er hat genug damit zu tun, den stacheligen Büschen auszuweichen, die hier überall wachsen. Anscheinend hat es nie Giftschlangen auf Kreta gegeben, was, wie könnte es anders sein, mit einer Sage erklärt wird. In der Antike soll Herakles die Schlangen vertrieben haben; später wurde diese Großtat dem heiligen Apostel Paulus zugeschrieben, der von einer Schlange gebissen worden war – auf Kreta, wie die Kreter behaupten, die ihre Insel gern zum Schauplatz möglichst aller Ereignisse stilisieren, Katastrophen eingeschlossen; aber wahrscheinlicher geschah es auf Malta.

Vielleicht um diesen Mangel an vorhandenen Gefahren wettzumachen, rankt sich eine Fülle überlieferter Geschichten um eine in Wirklichkeit vollkommen harmlose, schlangenähnliche Eidechse namens *liakoni*, deren Biss dem Volksglauben nach tödlich ist. Tatsächlich gibt es nur einen einzigen wirklich gefährlichen Inselbewohner, die im Mittelmeerraum ansässige Schwarze Witwe, erkennbar an ihrem schwarz behaarten Bauch – diese Information verdanke ich dem ausgezeichneten Naturhistorischen Museum in Heraklion. Der lebenden Spinne bin ich bisher nie begegnet, und ich hoffe, dass es noch lange dabei bleibt.

Wir wanderten weiter, und Einsamkeit umfing uns. Mit dieser friedlichen Stille, den im Hitzedunst verschwommenen Umrissen der Berge auf der anderen Seite der Bucht und der unscharfen Linie am Horizont, dort wo Meer und Himmel in einem Blau aufeinander treffen, das weder dem einen noch dem anderen zu Eigen ist, gehört diese Landschaft zum schönsten, was unsere Erde zu bieten hat. Inbrünstig hofften wir, dass man diesen Flecken sich selbst überlassen möge, damit ein jeder ihn genießen kann, und dass in diesem Augenblick keine Menschen in einem Büro mit grässlichen Erschließungsplänen befasst sein mögen.

Das Licht ist einfach unglaublich – es fasziniert einen unweigerlich immer wieder. Weich und strahlend und zugleich schonungslos klar. Wie ihre Brüder auf dem Festland hielten auch die Kreter im Großen und Ganzen nie viel von düsteren Märchen, in denen Kinder bedroht werden und zwielichtige Erwachsene irgendwann ihre Masken fallen lassen. Für solche Überlieferungen ist das Licht hier zu kräftig und zu klar. Solche Geschichten können nur im diffusen Licht und den verhüllenden Schatten nördlicher Breiten entstehen. Aber natürlich ist hier in

Kreta, wie überall in Griechenland, der Glaube an den bösen Blick weit verbreitet, was zweifellos eine zweischneidige Angelegenheit ist, denn jeder kann ihn haben und einen anderen damit treffen, ohne sich dessen im Mindesten bewusst zu sein, ja trotz bester Absichten. Es gibt allerdings auch Menschen, denen man nachsagt, sie besäßen diese Macht und bedienten sich ihrer heimlich und in böser Absicht. Bis vor kurzem jedenfalls war es durchaus nicht ungewöhnlich, dass der Dorfpriester gerufen wurde, um Dämonen auszutreiben und das Haus von ihnen zu reinigen, und vielleicht kommt es auch heute noch vor. Oft dienen blaue Perlen, die man am Leib trägt oder ins Auto hängt, als Talisman, um böse Mächte abzuwehren. Menschen, die einen Schicksalsschlag erleiden, der sich nur schwer mit natürlichen Ursachen erklären lässt, führen manchmal Tests durch, die klären sollen, ob der böse Blick im Spiel war. Ich habe einmal einen miterlebt, bei dem es darum ging, Olivenöl auf Wasser zu tröpfeln. Schwimmt das Öl oben, was es ja normalerweise tun sollte, ist alles bestens; vermischt es sich aber mit dem Wasser, waren Dämonen am Werk. Zu jedermanns Beruhigung verhielt sich das Öl in diesem Fall dem physikalischen Gesetz entsprechend und schwamm oben. Ein andermal wurde ich selbst verdächtigt, den bösen Blick zu haben. Ich half im Weinberg eines Nachbarn bei der Traubenlese. Da begann es mitten am Vormittag zu regnen und hörte fast drei Stunden lang nicht mehr auf, was zu dieser Jahreszeit höchst ungewöhnlich ist. Trauben müssen trocken gelesen werden, sonst platzt ihre Haut, und es besteht die Gefahr, dass sie schimmeln. Ich war der Neuling, der Fremde. Es war offensichtlich, dass ich Unglück gebracht hatte, und hinter Unglück verbirgt sich immer die Möglichkeit, dass jemand den bösen Blick hat. Höflich, aber bestimmt wurde ich gebeten, am nächsten Tag nicht mehr zum Helfen zu kommen. Und wie hätte es anders sein können – am nächsten Tag regnete es nicht.

Wir blieben auf dem Weg, der sanft weiter anstieg und der Rundung des Hügels folgte, unter uns die schimmernde Wasserfläche, und näherten uns allmählich der schmalen Spitze der Landzunge. Hier erwartete uns das angemessene Ende einer solchen Wanderung. Damit nicht etwa die Gefahr von Schönheit in Hülle und Fülle bestand, versperrte uns ein fast fünf Meter hoher und von sechs Reihen Stacheldraht gekrönter Zaun den Weg. Davor stand ein riesiges rundes Schild mit der Aufschrift: STOP. Nur das Militär kann seine Forderung so unmissverständlich deutlich machen. Könnte man hier nach Norden weitergehen, sähe man hinaus auf die Sporaden und dahinter auf den Erzfeind Türkei.

Der Weg verlief um die Landzunge herum und brachte uns zu der Straße, die nach Süden zum Dorf Vrouchas führt. Aber wir wollten die Aussicht nicht missen und gingen daher denselben Pfad zurück. Dabei entdeckten wir etwas, was wir auf dem Hinweg übersehen hatten. Ungefähr auf halber Strecke lag über dem Weg eine Höhle, deren Eingang etwa eineinhalb Meter hoch mit sorgfältig aufgeschichteten Steinen versperrt war. Damit war der Zugang verbarrikadiert – man konnte nur hinüberklettern. Dahinter befand sich eine ebene Fläche, gerade so groß, dass sich ein Mensch darauf ausstrecken konnte.

Höhlen sind immer irgendwie geheimnisvoll. Aber wer hatte hier Stein auf Stein geschichtet, um diese Mauer zu errichten, deren unteren Teil inzwischen purpurfarbene Glockenblumen friedlich in Besitz genommen hatten? Ein Flüchtling, ein Einsiedler, ein Partisan? Xan Fielding, der mit kretischen Höhlen mehr eigene Erfahrung hat als die meisten Menschen, weil er in den Jahren der deutschen Besatzung als Widerstandskämpfer in den Weißen Bergen gelebt hat, erzählt eine Begebenheit, die wunderbar veranschaulicht, dass die Kreter immer und überall versuchen, sich der Vergangenheit zu bemächtigen, der Ursprung aller Dinge zu sein, Mythos und Geschichte zu vermengen und sich zu Eigen zu machen, so greifbar und solide wie die Steine ihrer Insel. Als Fielding sich 1942 in einer Höhle bei Sougia versteckte, erzählte ihm ein Einheimischer, einst habe der Zyklop Polyphem in dieser Höhle gehaust und dort auch seine Schafherde gehalten. Die Zyklopen waren grausame einäugige Riesen, die als Hirten ihr Auskommen fanden. Homer berichtet, dass Odysseus und seine Gefährten auf dem Rückweg von Troja in der Höhle des Polyphem Zuflucht suchten; als dieser sie dort entdeckte, ging er daran, einen nach dem anderen aufzufressen. Erst nachdem er bereits sechs von ihnen verschlungen hatte, konnten sie ihn außer Gefecht setzen, indem sie ihm, während er schlief, einen feuergehärteten Pfahl in sein eines Auge stießen. Als der geblendete Riese den gewaltigen Stein beiseite schob, der den Eingang versperrte, um seine Schafe hinauszutreiben, konnten seine Feinde entwischen. Er versuchte zwar, sie zu ertasten, aber sie klammerten sich ins Bauchfell der

Widder und konnten auf diese Weise entkommen. Kaum hatte Odysseus sein Schiff erreicht, konnte er der Versuchung nicht widerstehen, den überlisteten Feind zu verspotten. Der aufgebrachte Polyphem warf daraufhin riesige Felsbrocken in die Richtung, aus der die Stimme kam, und hätte das Schiff fast zerschmettert. Mit seinen Racheschwüren weckte der Riese auch den Zorn seines Vaters, des Meeresgottes Poseidon, was Odysseus mit zehn Jahren voller Mühsal und Gefahren bezahlen sollte, ehe er als Held in seine Heimat Ithaka und zu seiner treuen Gemahlin Penelope zurückkehren konnte.

Und das alles habe sich genau hier zugetragen, beteuerte Fieldings kretischer Freund, in dieser Höhle. Und um es zu beweisen, zeigte er auf zwei Felsen im Meer, die der überlistete Unhold angeblich ins Wasser geschleudert hatte. Die allgemein anerkannte Version, nach der sich das Geschehen vor der sizilianischen Küste in der Nähe Catanias zugetragen habe, sei falsch. Diese Sage gehöre zu Kreta und sei der Insel nur gestohlen worden.

Wenn man sich Kretas Geschichte vor Augen führt, überrascht einen dieses halsstarrige Besitzstreben freilich nicht. Denn viele Jahrhunderte lang gehörten fremde Herren, fremde Religionen zum Alltag der Insel, und die Weigerung, sich zu unterwerfen, die häufigen Aufstände, wurden vom kretischen Volk mit viel Blutvergießen und Leid bezahlt. Unter solchen Umständen muss alles aufgegriffen und verteidigt werden, was dazu dienen kann, den Kampfgeist und das Bewusstsein für die eigene Identität zu stärken. In den kretischen Volksweisen, besonders in den *risitika*, den Bergliedern, die im 18. Jahrhundert in den finstersten Jahren der türkischen Besatzung entstanden, kehren zwei Themen immer wieder: die Schönheit der Insel und der unbeugsame Geist ihrer Bewohner. Kein Wunder. Wenn man schon leidet, weil man etwas verteidigt, sei es ein Land oder ein Ideal – und in diesem Fall war es beides –, muss man natürlich deutlich machen, warum das Ersehnte so begehrenswert ist und wie viel Mut man aufbringen muss, um es zu verteidigen.

Die Besatzung brachte noch andere Begleiterscheinungen mit sich. So sprach man den Kretern, wie den Griechen ganz allgemein, stets die Fähigkeit ab, sich zusammenzuschließen und eine gemeinsame Front zu bilden. Auf kein Volk trifft Terenz' Feststellung mehr zu: »So viele Köpfe, so viele Meinungen; jeder nur seinem eigenen Gesetz verpflichtet.« Der lebhafte Widerstand jedem Feind gegenüber und die Verbissenheit im Kampf an Stelle des Bedürfnisses, die Menschen zu einen, scheinen zu diesem ausgeprägten Individualismus und dieser Ungebundenheit geführt zu haben, die nur eine räumlich eng begrenzte Loyalität zulassen.

Dazu kommt noch die nach Ansicht vieler außen stehender ausgesprochen materialistische Weltanschauung der meisten Kreter. Wenn man in einer Bar ein paar Männer in ein ernstes Gespräch vertieft sieht, diskutieren sie wahrscheinlich über die Lebenshaltungskosten. Jedes noch so vage und grundlose Gerücht von einer bevorstehenden Brotknappheit löst Hamsterkäufe in großem Stil aus. Das hat nichts mit dem Konsumdenken zu tun, das wohlhabendere westliche Gesellschaften kennzeichnet, sondern entspringt eher der Angst, dass es nicht reichen, dass man nicht gewappnet sein könnte. Wir alle wissen, wie gefährlich Verallgemeinerungen sind, doch wahrscheinlich ist es nicht zu abwegig, zumindest einen beträchtlichen Teil dieser Angst auf die Unsicherheit zurückzuführen, in der zahllose frühere Generationen leben mussten und die noch heute in der Psyche der Menschen weiterwirkt.

Solche Gedanken setzte diese so penibel mit Steinen verbarrikadierte Höhle in Gang, die wir auf dem Rückweg nach Plaka entdeckten. Mehr konnten wir nicht über sie in Erfahrung bringen, weil entweder die Leute, die wir fragten, nichts darüber wussten, oder weil mein Griechisch nicht mehr das beste war ...

Die wichtigste Stadt an der Mirabello-Bucht und die Hauptstadt der Provinz Lassithi ist Agios Nikolaos mit seinem kosmopolitischen Flair, das sich in den Bars und Restaurants, aber auch im allgemeinen Lebensstil widerspiegelt. Wahrscheinlich leben hier so viele Ausländer wie nirgendwo sonst auf Kreta. Die Szenerie ist umwerfend. Man hat die Stadt auf eine kleine Halbinsel um einen See mit dunkel schimmerndem Wasser herumgebaut, der in Reiseführern und sogar auf Straßenschildern als abgrundtief beschrieben wird. Tatsächlich ist er sehr tief, angeblich über 20 Meter. Und da er einen Ausfluss ins Meer hat, bildet er einen natürlichen Hafen. Einige Restaurants am Seeufer sind wirklich ausgezeichnet, sie bieten eine raffiniertere und größere Auswahl an Speisen an als sonst auf der Insel üblich, unter anderem gute Nudelgerichte, fantasievolle Salate und Spezialitäten wie gegrillten Schwertfisch oder frittierte Zucchiniblüten, dazu das Licht, trockene kretische Weine, die, zumindest für mein Empfinden, ungleich besser schmecken als der geharzte Retsina, den man auf dem griechischen Festland trinkt. Besucher wie Einheimische wussten die kretischen Rotweine schon immer zu schätzen, aber auch der Weißwein hat sich in den letzten zehn Jahren erheblich verbessert, vor allem der aus der Region um Sitia.

Die Stadtstrände verdienen diese Bezeichnung eigentlich kaum, aber knapp zwei Kilometer südlich entdeckten wir einen schönen Strand, nämlich Almiros. Und im weiteren Verlauf der Bucht, vor allem in der Umgebung von Kalo Chorio, werden sie immer schöner. Mein Lieblingsort ist Istro, wo es nette Tavernen und ein paar wunderschöne Sandstrände gibt; stellenweise wurden sogar die in Küstennähe stehenden Bäume verschont. Hier kann man meines Erachtens besser als sonstwo auf der Insel Strand- und Kultururlaub miteinander verbinden, was ja die meisten Touristen auf Kreta anstreben. Und dem Wanderfreund bieten die Wege in den Bergen dahinter prachtvolle Ausblicke auf die Bucht. Nicht weit entfernt, vielleicht eine Stunde mit dem Auto, liegt Knossos. Und noch näher Gournia, eine weitere minoische Palastanlage, die sich imposant auf einem Bergsattel zwischen zwei Gipfeln ausbreitet. Von dort aus wurde einst die Landenge zwischen Nord- und Südküste kontrolliert, die an der schmalsten Stelle keine 15 Kilometer misst.

Die Kirche Panagia Kera bei dem Dorf Kritsa, nordwestlich von Istro ein Stück landeinwärts, gehört zu den beeindruckendsten und ältesten byzantinischen Kirchen und beherbergt die besterhaltenen Wandmalereien auf ganz Kreta. Sie stammen aus unterschiedlichen Epochen und bieten so die einzigartige Gelegenheit nachzuvollziehen, wie sich die Freskenmalerei im 13., 14. und 15. Jahrhundert hier entwickelt hat. Ein grandioses Abendmahl bildet den Mittelpunkt einer ganzen Reihe hochinteressanter Gemälde von außerordentlicher Qualität, zu denen auch die anschaulichen Szenen von Christi Wiederkehr im Südschiff sowie das Jüngste Gericht und die Bestrafung der Verdammten zählen.

Am nordwestlichen Pfeiler prangt ein Porträt des heiligen Franz von Assisi – eines der seltenen Vorkommnisse eines katholischen Heiligen in einer orthodoxen Kirche, vermutlich dem Einfluss der Venezianer zu verdanken. Kreta ist mit Kirchen reich bestückt, viele liegen wunderschön, sind architektonisch interessant und prachtvoll ausgestattet. Aber wenn ich diejenige auswählen müsste, die am besten die Atmosphäre und den Geist der Frömmigkeit des mittelalterlichen Byzanz vermittelt, würde ich mich für Panagia Kera entscheiden.

Unser Aufenthalt hier neigte sich seinem Ende zu, die Tage waren schnell vergangen. Immer häufiger fragten wir uns, wie es wohl zu Hause aussehen mochte, ob unsere Rebstöcke und Olivenbäume gediehen, ob es genug geregnet hatte – stets ein Zeichen, dass eine Reise dem Ende zugeht. Wir würden das Gras mähen, die Blattläuse bekämpfen und im Gemüsegarten Unkraut jäten müssen. Und dann mussten wir das Wohlwollen unserer fünf Katzen zurückgewinnen, die uns ein langes Fortbleiben nicht ohne weiteres verzeihen ...

Dabei gab es noch so viel zu sehen. Wir beschlossen, an der schmalsten Stelle in den Süden zu fahren, nach Iera-

Die Kirche Panagia Kera

petra, in die größte Stadt an der Südküste, die heißeste und trockenste auf der Insel und die südlichste Europas. Doch unser Wunsch, Ierapetra zu sehen, entsprang nicht diesen statistischen Daten, obwohl diese die Einstellung zu einem Ort in gewisser Hinsicht mitbestimmen. Wir hatten uns in eine Abschiedsstimmung hineingeredet, und da schien es irgendwie passend, unsere Reise in der Region zu beenden, in der die letzten Nachfahren der Minoer – deren Geschichte von Macht und Untergang uns so gefesselt hatte, als wir im Museum in Heraklion von Saal zu Saal gewandert waren – ihr Ende gefunden hatten. Man nennt sie Eteokreter oder »echte Kreter«, jene Menschen, die ursprünglich, also vor den Griechen, hier lebten. Sie wurden in diese abgelegene östliche Inselregion vertrieben, wo sie sich in ihrer befestigten Stadt

Pressos noch einige Jahrhunderte lang behaupteten und an ihrer Sprache und traditionellen Lebensweise festhielten. Doch 146 v. Chr. mussten sie sich den Dorern aus Ierapetra geschlagen geben. Diejenigen, die nicht getötet oder in die Sklaverei verkauft wurden, zerstreuten sich und bildeten keinen eigenständigen Teil der Bevölkerung mehr. In ihrer Stadt blieb kein Stein auf dem anderen. Und so endete die so genannte 2000-jährige Dämmerung der minoischen Zivilisation.

Von der antiken Stadt Pressos ist nur wenig erhalten geblieben; sie wurde nie wieder aufgebaut. Ierapetra hingegen ist heute eine blühende Stadt mit hübschem Hafenviertel und einem sehr schönen Strand. Es war bereits Mitte Mai, und da wir bald ins küstenferne Umbrien zurückkehren wollten, wagten wir uns ins Wasser. Es war kalt, aber – wie Leute gern sagen, wenn sie froh sind, wieder draußen zu sein – erfrischend.

Inzwischen hatten wir Hunger bekommen, wollten aber irgendwo essen, wo es ruhiger war, weniger hektisch und städtisch als in Ierapetra. Also setzten wir uns wieder ins Auto und fuhren nach Westen. Zehn, elf Kilometer verläuft die Straße nahe am Ufer und macht dann eine scharfe Kurve landeinwärts. Direkt an dieser Biegung liegt am Meer das Dorf Mirtos, ein ausgesprochen bezaubernder Badeort, der den gewaltigen Vorzug hat, am Ende einer Abzweigung von der Hauptstraße zu liegen, die ein ganzes Stück höher verläuft, so dass zum Glück kaum Verkehr herrscht. Dadurch entsteht eine Atmosphäre beschaulicher Muße, die in kretischen Küstenorten immer seltener wird. Neben einem langen, geschwungenen Kiesstrand führt eine mit Bars und Tavernen gesäumte Promenade dicht am Wasser entlang. Die Häuser sind weiß verputzt und peinlich sauber und gepflegt. Offenbar gibt es weit und breit keine älteren Gebäude, was zwar ungewöhnlich ist, uns aber angesichts dessen, was wir über die Geschichte des Dorfes in Kriegszeiten gelesen hatten, nicht überraschte. Als Vergeltung für den Widerstand war Mirtos 1943 von den Deutschen zerstört worden, und zwar gründlich. Der Ort wurde dem Erdboden gleichgemacht. Doch im Gegensatz zur letzten Zufluchtsstätte der Eteokreter hat man Mirtos wieder aufgebaut.

Was Orte betrifft, sind die Geschmäcker ebenso verschieden wie bei den meisten anderen Dingen. Und wie wir wissen, ist es sinnlos, darüber zu streiten. Oft genug weckt eher das, wofür ein Ort steht, unsere Aufmerksamkeit und Sympathie als das, was er wirklich ist. Mir gefiel Mirtos auf Anhieb, nicht nur, weil es hübsch und friedlich ist – diese Beschreibung trifft noch immer auf ziemlich viele Orte auf der Insel zu –, sondern weil es in der Vergangenheit so schrecklich misshandelt worden war und trotzdem wieder aufgebaut und zu neuem Leben erweckt wurde. Und damit steht es in meinen Augen beispielhaft für die Geschichte und auch den Geist von ganz Kreta.

Hier in Mirtos – an einem Tisch vor der Taverne Votsalo, mit dem Meer zu unseren Füßen und einer warmen Brise, die aus Afrika herüberwehte, vor uns ein exzellentes griechisches Mythos-Bier und um uns die heimischen Katzen, die großes Interesse an unseren Lammkoteletts zeigten – mussten wir uns allmählich mit dem Gedanken anfreunden, nach Heraklion und von dort aus nach

Hause, nach Italien, zurückzukehren. Es war für uns beide eine gelungene Reise gewesen, wenn auch in etwas unterschiedlicher Hinsicht. Aira, die zum ersten Mal auf der Insel gewesen war, setzte sie auf ihre Liste der Orte, die sie noch einmal besuchen wollte. Und ich, der ich sie wiedergesehen hatte, durfte feststellen, dass sie im Grunde noch so war, wie ich sie in Erinnerung gehabt hatte. Dass man stets mit Bedauern fortgeht, ist ein Geschenk, das uns manche Orte machen, wenn auch nicht sehr viele. Ein Geschenk, das uns mit ein bisschen Glück das Leben macht.

# *Bibliografie*


Andrianakis, Mihalis G., *The Holy Patriarchal Monastery of Agia Triada*, Chania 1994 (Heiliges »Stavropegiakos« und Patriarchalisches Kloster Agia Triada der Tzangaroli, Chania 1994)

Cottrell, Leonard, *The Bull of Minos*, London 1953 (Der Faden der Ariadne, Stuttgart 1954)

Darby, Beryl, *Spinalonga – The Leper Colony*, Athen 1984

Davaras, Costis, *Guide to Cretan Antiquities*, Athen 1976

Detorakis, Theocharis E., *History of Crete*, Heraklion 1994

Evans, Joan, *Time and Chance*, London 1943

Fielding, Xan, *The Stronghold*, London 1953

Fisher, John und Garvey, Geoff, *Rough Guide to Crete* (4. Auflage), London 1998

Greger, Sonia, *Letters from Lassithi 1984–1993*, Crewe 1993

Homer, *Ilias*, übersetzt von Heinrich Voß, Tübingen 1806

Hopkins, Adam, *Essential Crete*, Passport Books 1996

Kavafis, Konstantinos, *Brichst du auf gen Ithaka …*, Braunschweig 2001

Pendlebury, John D., *A Handbook to the Palace of Minos at Knossos*, London 1932

Psilakis, Nikos, *Byzantine Churches and Monasteries of Crete*, Heraklion 1994 (Klöster und Zeugnisse byzantinischer Zeit auf Kreta, Heraklion 1994)

Rackham, Oliver und Moody, Jennifer, *The Making of the Cretan Landscape*, Manchester University Press 1996

Renault, Mary, *Der Stier aus dem Meer*, München 1997

Smith, Michael Llewellyn, *The Great Island*, London 1965